DUMONT

WALTRAUD HABLE

Mein Date mit der Welt

DUMONT

1. Auflage 2018
© 2018 DuMont Reiseverlag, Ostfildern

Lektorat: Regina Carstensen, München
Gestaltung: Werner Mink / AlbrechtMink, München
Fotos Innenteil: Waltraud Hable, Christiane Toppler,
Julia Wagner, Verena Hable
Fotos Umschlag: Patricia Weisskirchner, Wien (Umschlag
vorne und Klappe); Christiane Toppler (Umschlag hinten)

Printed in Spain

ISBN 978-3-7701-6683-1

www.dumontreise.de

Dieses Buch ist all jenen
gewidmet, die zögern.
Die Welt wartet – und sie hat
die schönsten Momente
mit im Gepäck.

INHALT

Ein schwergewichtiger Koffer, eine Frau, EINE WELTREISE

San Francisco

Ich will hier raus!

New York

Ich bin kein Monster mehr

Lissabon

Wein und eine Polizei-Rüge

WIEN

Alles Ausreden!

Marrakesch

Ich kauf mich glücklich

Hawaii-Inseln

Filmreife Dates

Kapstadt

Haie und Männer in Sicht!

Rio de Janeiro

Hurra, ein Weltreise-Guru

Buenos Aires

Hallo Jesus, bitte lächeln!

Helsinki

Ich muss gar
nichts

Wie verbrennt man
eine Leiche?

Neu-Delhi

Varanasi

Tokio

Lebensmüde
Riksha-Fahrer

Chiang Mai

Essen!
Staunen!

Ooooom

Trivandrum

Vientiane

Ragun

Ich glaube,
ich bin
beim falschen Arzt

Ich breche
ab!

Bitte
ordentlich
kleiden!

Tansania

Der Elefant
will
meine Kekse?

Alice Springs

Er nennt
mich Dumpfbacke

Sydney

Die
freundlichste
Stadt
der Welt

- 9 -

WENN DAS HERZ PLÖTZLICH WIE WILD POCHT

Ein Spaziergang durch die ostafrikanische Einöde. Keine Menschenseele weit und breit. Nur ein paar Zebra-Totenschädel am Wegesrand und flirrende Hitze in der Luft. Plötzlich spürte ich es. Erst nur ganz schwach, dann so stark, dass ich es nicht ignorieren konnte, weil es mir fast die Luft zum Atmen abdrückte. Mein Brustkorb schmerzte, in meinem Hals wurde es ganz eng. »Na, toll«, hämmerte es in meinem Hirn. »Jetzt hängst du mitten in der Pampa in Tansania herum und hast was am Herzen.« Eine Arrhythmie? (Als versierter Hypochonder bin ich durchaus medizinisch bewandert.) Ein Infarkt oder Anzeichen für eine Herzmuskelentzündung? Stöhnend blieb ich stehen. Vielleicht hätte ich doch die Erkältung daheim besser auskurieren sollen. Aber es gab vor Beginn dieser Weltreise so verdammt viel zu tun.

Ich stemmte die Arme in die Hüften, atmete tief ein und aus und ließ den Blick über die karge Landschaft schweifen. Bloß nicht durchdrehen jetzt. Der Brustkorb fühlte sich noch immer komisch an. Aber ... wenn ich genau in mich hineinhorchte ... dann war das kein todbringender Schmerz. Es war mehr ein wildes Pochen. Ein Lebenszeichen. Und mit einem Schlag dämmerte mir, wie die eigentliche Diagnose lauten musste: Ich hatte keinen Herzinfarkt. Ich hatte bloß vergessen, wie es sich anfühlt, wenn es eng wird im Brustkorb, weil es einen fast zerreißt vor lauter Glück.

Ich weiß, wie abartig kitschig das klingt. Fast so, als hätte ich es mir ausgedacht – als knackigen Einstieg für dieses Buch. Kann ja keiner nachprüfen, ich war schließlich allein unterwegs. Aber ich schwöre bei allem, was mir heilig ist: Es war so. Dieses Gefühl, dass sich plötzlich unkontrolliert viel Energie in einem anstaut und man körperlich fast überwältigt wird von der wilden Sehnsucht und unbändigen Lust aufs Leben – davon können wir alle mehr gebrauchen. Und ich brauchte diesen Moment in Tansania wie einen Bissen Brot. Weil es eine Bestätigung war, die ich insgeheim suchte. Eine Bestätigung, die mir meine schlimmsten Ängste nahm und sagte: »Mädel, du hast das Richtige gemacht.«

Ja, es war richtig, den gut bezahlten Job als Chefredakteurin eines Magazins hinzuschmeißen und die Stopptaste zu drücken. Es war eine vernünftige Entscheidung gewesen, meinen zwölf Jahre alten Škoda, eine Schrottkiste, zu verkaufen und meine Wohnung in Wien an eine hochgradig sympathische irische Studentin unterzuvermieten. Und dass ich mein gesamtes Hab und Gut, 42 000 Euro und ein paar Zerquetschte, vom Sparkonto genommen hatte, um es in elf Monaten in vierzehn Ländern bis auf den letzten Cent auf den Kopf zu hauen? *Hell, yes!* Ich war an dem Punkt angelangt, an dem ich nicht nicht hätte fahren können. Ich war reif für die Welt. Endlich.

Manchmal fragen mich Leute: »Warum der Traum von der Weltreise? Warum hast du die 42 000 Euro nicht in die Anzahlung für eine Eigentumswohnung gesteckt oder dir einen Goldbarren gekauft?« Ich weiß dann keine vernünftige Antwort. Ich würde gerne sagen können: »Ich wollte schon immer die sieben Weltwunder sehen.« Oder mit einer amüsanten Geschichte aufwarten, wie »Indiana Jones war mein Held«. Das stimmt aber nicht. Ich mag *Indiana-Jones*-Filme nicht, der arme Kerl stapft doch meistens nur halb verdurstet durch staubige Gegenden oder muss Gewehrkugeln und Giftpfeilen ausweichen. Und ich bin auch keine Geografie- oder Geschichtsleuchte, genau genommen bin ich mit allem überfragt, was Landkarten, Orientierungssinn und Jahreszahlen betrifft.

Mein Grund ist banaler. Es gab ein Bauchgefühl. Das sagte mir: Wenn ich's nicht mache, werde ich es bereuen und als alte Frau frustriert auf einer Parkbank auf Tauben und kleine Kinder schimpfen. Und das wäre blöd. Im Alter sollten einen die Leute mögen, man weiß nie, wofür man die Kinder, auf die man schimpft, noch braucht. Außerdem hege ich den Verdacht, dass die Welt nur deshalb so groß gemacht worden ist, damit man sie sich ansieht, alles andere wäre ja wohl massive Verschwendung.

Job, dreimal die Woche zum Sport, abends Online-Shoppen oder so lange Trash-TV schauen, bis die Fernbedienung streikt – das war mein Alltag. Und irgendwann dämmerte mir, dass Paolo Coelho schon recht hatte, als er schrieb: »Wenn du denkst, Abenteuer sind gefährlich, dann versuch's mal mit Routine. Die ist tödlich.« Da stand ich also: siebenunddreißig Jahre alt. Ich hatte weder einen annehmbaren Typen an meiner Seite noch einen ausgeprägten Kinderwunsch. Ich wollte weg, ich musste raus, mein Hirn drohte zu verschrumpeln.

Die Entscheidung zur Weltreise war keine verfrühte Midlife-Crisis. Sie gründete schlicht auf dem Verdacht, dass man vor allem jene Dinge bereut, die man nicht tut. Also bin ich los.

Die folgenden Seiten sollen beschreiben, was passiert, wenn man sich von alten Gewohnheiten löst und sich aufs Leben einlässt, obwohl man als Kontrollfreak doch so gerne auf Nummer sicher geht. Sie handeln von Zufällen, die man sich so vorher nie hätte ausdenken können, von der Kraft des Lächelns, der Suche nach der großen Liebe und wie es sich anfühlt, wenn einem plötzlich die ganze Welt offensteht.

Das Ganze ist schwer subjektiv, ich kann ja nicht aus meiner Haut raus. Sie finden hier keine 1:1-Anleitung zum Nachreisen, allein meine Flugroute ist das Unlogischste, was mein Reiseberater je gesehen hat. (»Von Hawaii zurück nach Südamerika und dann erst nach Australien? Das macht doch keinen Sinn.«) Aber ich hab's zumindest gemacht und gebe hiermit weiter, was ich weiß.

So viel vorweg: Es ist nicht wichtig, wie weit oder wie lange man den Fuß vor die Tür setzt, Hauptsache, man bewegt sich überhaupt. Mein Sparbuch und mein Finanzpolster sind zwar weg, dafür habe ich etwas von unschätzbarem Wert dazugewonnen: tiefes Vertrauen. In mich. Und die Welt.

Travel is the only thing you buy that makes you richer.

In diesem Sinne: Gute Reise, wohin auch immer der Wind oder das nächste Flugzeug Sie trägt.

1
FÜNFZEHN JAHRE ZÖGERN

Wien
Zurückgelegte Distanz:
0 KILOMETER

Okay, erst einmal ein Geständnis, sonst entsteht hier ein falsches Bild. Immer wenn mich Leute auf meine geplante Weltreise ansprechen, bekomme ich ein schlechtes Gewissen. »Du wirst ganz alleine reisen? Mutig von dir!«, klopfen mir die einen auf die Schulter. Andere attestieren mir ein Abenteurer-Gen. Das ist prinzipiell sehr schmeichelhaft, es stimmt nur leider nicht. Die Wahrheit lautet: Ich bin ein Schisser. Ich mache mir um alles und jeden Sorgen, am meisten um mich selbst. Sogar meine Mutter findet, ich sei zu verkopft.

Und wo ich schon beim Beichten bin, gleich noch etwas: Ich bin nicht von der schnellen Truppe, wenn es um Entscheidungen geht. Schinken- oder Käsebrot, blaues oder rotes Kleid,

Android oder iPhone, das kriege ich noch hin. Aber bahnt sich was Größeres an, stehe ich mir selbst im Weg – wenn es sein muss, auch fünfzehn Jahre. So lange habe ich die Sache mit der Weltreise nämlich vor mir hergeschoben und mich selbst mit Ausreden ruhiggestellt. Ich nannte das Ganze natürlich nie Ausreden, sondern Gründe, das klang irgendwie besser. Jedenfalls: Hätte es eine Weltmeisterschaft im Ausreden-Erfinden gegeben, ich hätte die Goldmedaille geholt. *Austria, 100 points, Ladies and Gentlemen*, Applaus!

Dazu muss man wissen: Die Idee mit dem Big Trip keimte zum ersten Mal mit zweiundzwanzig auf, gleich nach Abschluss der Journalistenschule. Ich sah mich durch den Amazonas in Südamerika wandern, das Hirn durchlüften, bevor die Arbeitsmühle beginnt. Doch am Ende war ich vernünftiger, als ich mit zweiundzwanzig hätte sein sollen. Als ich die Zusage für ein Praktikum bei einem großen Frauenmagazin ergatterte, legte ich die Sache auf Eis. »Das kannst du dir nicht entgehen lassen«, sagte ich mir. Außerdem war ich damals knapp bei Kasse. (Für New-York-Trips hatte es interessanterweise aber doch immer gereicht.) Später begann ich mir schönzureden, dass ich in meinem Beruf ohnehin ein bisschen in der Welt herumkäme. In Patagonien durfte ich für eine Geschichte auf wilden Pferden durch die Steppe reiten. Die Karibik habe ich per Kreuzfahrtschiff bereist. Doch egal wohin eine Story mich auch verschlug, es fühlte sich nie echt an. Ich war immer dort als Waltraud, die Journalistin, nie als Waltraud, der Mensch.

Und dann ... nun ja, dann gab es diesen Mann. Kein wirklich toller Mann, aber im ersten Hormonrausch geht so ein Esel schon mal als Araberhengst durch. Jedenfalls gab der Esel vor, dasselbe Fernweh wie ich zu verspüren. Dass er an Flugangst und noch ein paar anderen reiseuntauglichen Neurosen litt, hätte mir zu denken geben sollen. Aber ich redete mir ein: Das wird schon. Wir schmiedeten Pläne, schenkten einander zu Weihnachten teure Reisebildbände, doch als ich ein konkretes Startdatum ansprach, verstummte der Mann plötzlich. »Meine Firma geht gerade durch schwere Zeiten«, sagte er. Das traf offenbar auch auf unsere Beziehung zu. Denn eines Abends stand plötzlich eine Kindfrau im hautengen Schlauchkleid vor der Tür. Eine Job-Bekanntschaft des Mannes, die eingerechnet ihrer vielen Extensions und Lackpumps maximal vierzig Kilo wog. »Ich habe versprochen, ihr die Stadt zu zeigen«, meinte der Esel und faselte was von: »Sie ist Amerikanerin, vielleicht habe ich einen Job für sie« und »Networking«. Doch erst einmal lotste er sie stolz wie ein Pfau durch unsere Bleibe: Wohnzimmer, Esszimmer, Terrasse, sogar ins Schlafzimmer durfte die Kindfrau stöckeln. Der Esel ließ die Champagnerkorken knallen, lachte übertrieben laut, sobald der Besuch auch nur ein Wort von sich gab, und vergaß vor lauter Networking-Pflichten das Auffüllen meines Glases. Als ich ihn zur Rede stellte, nicht wegen des fehlendes Champagners, sondern wegen der Frau an sich, bekam ich nur zu hören: »Keine Sorge, da läuft nichts.« Mein Bauchgefühl sagte etwas anderes. Trotzdem … Ich ignorierte es. Nicht die! So dämlich konnte er doch nicht sein! Und überhaupt, die Kleine reichte ihm gerade mal bis knapp über den Bauchnabel!

Wochen vergingen, Monate. Als er begann, den Bildschirm seines Laptops zuzuklappen, sobald ich ins Zimmer kam, und bis fünf Uhr morgens vor dem Computer hing, konnte ich nicht mehr. Ich flüchtete für ein paar Tage in das leer stehende Apartment einer Freundin, in der Hoffnung, dass ihn das wach rütteln und er um mich kämpfen würde. Er kämpfte nicht, im Gegenteil. Kaum, dass der Umzugswagen meine Möbel abgeholt hatte, zog Miss Schlauchkleid bei ihm ein. Eine Wohnungsführung brauchte sie nicht. Sie kannte die Bude ja bereits.

Da stand ich also: Mitte dreißig, nicht mehr ganz taufrisch, die Stirn in Zornesfalten gelegt und meines Reisetraums beraubt. Meine Freunde hatten Partner, Kinder, Eigentumswohnungen. Ich hatte nichts davon. Alles, was ich besaß, war ein Sparkonto mit dem Betreff »Weltreise« – und keinen Plan.

Man könnte meinen, die Trennung wäre der perfekte Zeitpunkt gewesen, um endlich loszufahren. Doch ich wand mich weiter wie ein Aal. »Alleine reisen ist teurer, ich habe noch nicht genug Geld auf der hohen Kante«, klagte ich – und gab im selben Atemzug für die Mietkaution meiner neuen Bleibe, für verspiegelte Kleiderschränke und sonstigen Nestbau-Schnickschnack 5000 Euro aus. In anderen Momenten schob ich alles auf mein Herzeleid. »Ich habe nach der Trennungsscheiße keine Kraft«, heulte ich und zog mir zur emotionalen Sedierung alle sechs Staffeln von *Sex and the City* im Dauerdurchlauf rein. Mitunter lief auch *Grey's Anatomy*. Ich hätte mich als Kardiologin durchschlagen können, so viel von dem Weißkittel-Mist habe ich geschaut.

Die Wende kam an einem kalten Sonntagabend. Es war weit nach Mitternacht, als ich, ermattet vom wochenendlichen Fernsehmarathon, ins Badezimmer trottete, um im Spiegel eine Fratze zu entdecken, die mich erschreckte. Mein Gesicht sah erschöpft aus, unglücklich, und die Furchen um die Mundwinkel hatten auch schon mal weicher gewirkt. Wie zum Teufel war ich in dieser Situation gelandet? Warum kam ich aus meiner Trennungsstarre nicht heraus? Die Antwort lautete: Weil ich nicht nur auf den betrügerischen Esel, sondern gleich aufs komplette Universum sauer war. Ich hatte angenommen, dass alles gut werden würde, wenn ich mir nur lange genug die Decke über den Kopf zog. Die Zeit heilt alle Wunden, bla bla bla. Mit Zahnpastaschaum vorm Mund und im grellen Badezimmerlicht dämmerte mir: Ich würde nicht darum herumkommen, langsam aufzutauchen, egal wie viel Groll und verletzter Stolz da auch waren. Denn mit einer Decke überm Kopf wird das mit dem Krönchen-Richten und Weitergehen schwer.

In dieser Nacht lag ich noch lange wach und habe nachgedacht. Darüber etwa, was ich brauchte, um mich wieder am Leben zu fühlen. Erster Impuls: Der Esel müsste vom Karma bestraft oder zumindest von einem 10 000-Volt-Blitz getroffen werden. Ha! Aber abseits der Rache, was wäre mir noch wichtig? Das Hirn mit neuen Eindrücken füttern. Hmmm. Ja. Nach fünf Jahren im selben Job waren meine kleinen grauen Zellen unterfordert. Außerdem hatte ich nie wirklich eine Auszeit gehabt, gleich nach der Ausbildung hetzte ich von einem Job zum anderen, in manchen Phasen schrieb ich sogar für drei verschiedene Publikationen gleichzeitig. Wer glaubt, im Journalismus verdiene man gut, darf gern für jeden Artikel, den er online liest, Geld bezahlen ...

Fremde Sprachen hören, frischen Wind schnuppern. Rio, New York, Tokio. »One Night In Bangkok«. Danach stand mir der Sinn. Und außerdem wollte ich essen, Seeigel, Yamswurzeln, hundertjährige Eier. Keine Termine haben außer denen, die ich mir selbst machen würde. Ich lechzte nach einer Stopptaste für den Alltag und einem Fast-Forward-Knopf fürs Leben. Die Diagnose lautete: akute Fadesse gepaart mit Fernweh. Und nun?

Sechs Monate lang spielte ich alle Worst-Case-Szenarien im Geiste durch. Ich stellte mir vor, wie mir das Geld ausgeht oder der Reisepass gestohlen wird. Wie ich sterbenskrank in Afrika über dem Plumpsklo hänge. Oder die Sonne kitschig am Horizont versinkt und ich mich einsam an eine Flasche Wein klammere. Doch je bildlicher der Schrecken wurde, desto mehr Selbstbewusstsein baute ich auf. Weil ich wusste: Egal was auch passieren würde, ich könnte das meistern. Es findet sich immer eine Lösung. Vielleicht nicht gleich in dieser Sekunde. Aber dann am nächsten oder übernächsten Tag. Einatmen, ausatmen und auf den Hausverstand vertrauen. Parallel begann sich die Optimistin in mir zu regen: Könnte ja sein, dass ich gar nicht mutterseelenallein durch die Gegend krebsen müsste, sondern immer wieder Leute träfe, die ebenfalls Sonnenuntergänge (oder zumindest Wein) mögen? Oder dass Montezumas Rache ausbleibt? Eben.

An einem grauen Februartag war ich schließlich so weit. Ich beschloss: *Fuck it*, ich mach's. Und je mehr ich mich mit der Entscheidung anfreundete (alter Hobbypsychologen-Trick: die Sache laut aussprechen hilft, es schafft Realitäten), desto peinlicher fand ich plötzlich mein »altes« Ich. Wenn ich ehrlich war, hatte ich wie ein schwer nervöser und diktatorisch veranlagter Hamster agiert. Ich hatte zu kontrollieren versucht, was nicht zu kontrollieren ist: die Zukunft nämlich. Das ist in etwa so, als würde man jeden der rund acht Milliarden Erdenbewohner orchestrieren wollen, damit nur ja nix schiefgeht. Und warum das Ganze? Nur weil ich meinen Hintern weiter aus der Haustür schwingen wollte als sonst? Der viel zitierte Bus könnte mich auch daheim in Wien überfahren, wenn ich nicht aufpasste. Der würde nicht gefährlicher werden, nur weil ich plötzlich in Indien war. Wobei: Die Inder sollen durchaus lebensmüde fahren, vielleicht war das ein schlechtes Beispiel ... Was ich sagen will: Wer etwas will, findet Wege. Wer nicht will, findet Ausreden. Und ich? Ich will. Ich muss raus. Ich bin an dem Punkt, an dem ich es tun muss, weil ich sonst das Gefühl habe, dass ich mich selbst betrüge. Und wo wir schon beim Seelenstrip sind: Auch wenn ich nie einen Babywunsch hatte, mit siebenunddreißig hört man die biologische Uhr ticken, ob man mag oder nicht. Noch fünf, sechs Jahre, dann machen meine Eierstöcke mit mir Schluss. Sollte ich also Torschlusspanik kriegen und mir Nachwuchs zulegen wollen, müsste ich jetzt los, sonst bereue ich die Sache später.

So, ich glaube, jetzt ist alles gesagt. Ich werde auf Weltreise gehen. Ich habe zwar keine Ahnung, wie die Sache ausgeht oder was zu tun ist, wenn ich fürs Rechtsfahren in Linksverkehr-Ländern eingebuchtet werde (erst gar kein Auto zu mieten wäre vielleicht eine Option). Aber wie heißt es so schön? Man wächst mit seinen Aufgaben. Und es gibt nur eine Richtung: vorwärts. In diese marschiert man am besten ohne Decke überm Kopf. Ohne das Teil sieht man mehr von der Welt, habe ich mir sagen lassen.

•••

Reden wir über:
AUSREDEN

Ich würde ja gern, ABER ...
eine Weltreise passt
jetzt nicht in meinen Lebensplan.

Ein guter Satz, nicht wahr? Lebensplan, das klingt so großartig, so vernünftig und erwachsen. Und außerdem: Zu Leuten mit Plan schaut man auf.

Ich mach's kurz: Der Satz ist Bullshit. Und die Erkenntnis hat mich stolze 90 Euro gekostet. So viel berechnete mir vor Jahren eine Karriere-Coachin, als ich ihr mein Leid klagte und meinte: »Eigentlich habe ich den Traum vom Reisen. Aber im Job läuft's gut, eine Beförderung steht an, das passt jetzt so gar nicht.« – »Aha«, sagte sie und studierte sichtlich gelangweilt ihre perfekt manikürten Fingernägel. »Wer macht denn Ihren Lebensplan?« – »Na ja«, stotterte ich. »Das Leben ... Also, ich mach ihn schon auch selbst ... Aber Sie wissen, so einfach ist das alles nicht.« Sie lächelte belustigt. Vielleicht sogar mitleidig. Dann ließ sie mich wissen: Das Leben selbst macht keine Pläne, weil ihm klar ist, dass das nichts bringt. Jede Sekunde auf diesem wunderbar verrückten Erdball bietet zu viel Unkontrollierbares – das Wetter, Freaks, müde Autofahrer, bellende Hunde. Alles ist in Bewegung, alles fließt. Wenn man also in einem Lebensplan gefangen ist, hat man sich sein Gefängnis selbst gestrickt. Aber das Tolle an Selbstgestricktem ist, man kann es Masche für Masche auflösen und ruckzuck was Neues fabrizieren, etwas, das besser zu einem passt. Do-it-yourself-Zukunft quasi. Besser als die They-do-it-for-you-Zukunft.

....

Ich würde ja gern, ABER ...
ich kann doch
nicht alles hinschmeißen.

Einatmen. Ausatmen. Und jetzt definieren wir mal *alles.*

Erste Panik vorbei? Wunderbar. Ich weiß, *alles* klingt erst einmal verdammt beängstigend. Aber was ist denn bitte *alles?* Karriere + Wohnung + Freunde + Auto + Status = alles? Nun, ich habe gute Nachrichten: Die Karriere bleibt bestehen, man schmeißt nicht seine Erfahrung weg, nur weil man auf Weltreise geht. Der Lebenslauf bekommt interessante Nuancen dazu:

Ich-kann-mit-jedem-Kulturkreis-umgehen-Flexibilität. *Check!*

Bazarerprobtes Verhandlungsgeschick. *Check!*

Englischkenntnisse. *Check!*

Und zum Rest? Die Wohnung muss man nicht aufgeben (dazu unten mehr), die Freunde bleiben einem auch erhalten, es werden sogar quer über den Erdball mehr.

Wie gesagt: Einatmen. Ausatmen. Definieren wir *alles* neu.

....

Ich würde ja gern, ABER ...
mein Job
erlaubt kein Sabbatical.

Blöde Sache, lief bei mir genauso. »Firmenpolitik«, seufzte mein Chef nur, als ich das Thema Sabbatical mit ihm diskutieren wollte. »Ich kann eine Stelle nicht ein Jahr lang freihalten. Außerdem: Wenn ich einer Person ein Sabbatical gewähre, muss ich es anderen auch erlauben. Und wer macht dann die Arbeit? Das geht nicht.« Also musste ich kündigen, meinen Business-Laptop, das Handy und die Visitenkarten abgeben und darauf vertrauen, dass sich nach dem Big Trip wieder etwas Passendes finden würde. Der Witz an der Geschichte: Wäre ich geblieben und hätte die Reise nicht gemacht, wäre ich heute ebenfalls nicht mehr in dem Job. Das Magazin, für das ich gearbeitet habe, hat man überraschend eingestellt, allen Kollegen wurde gekündigt. Da sieht man wieder: Die Zukunft domptieren zu wollen ist in etwa so sinnvoll wie ein Eis in der Sauna zu schlecken. Sorgen kann man sich, wenn es so weit ist.

Wird kein Sabbatical bewilligt, gibt es trotzdem Alternativen zur Kündigung. Ich empfehle, die Schlagworte »unbezahlter Urlaub« oder »Freistellung« zu googeln. Einen Rechtsanspruch darauf gibt's in Deutschland, Österreich oder der Schweiz keinen, aber wenn der Chef mitmacht, lässt sich der Jahresurlaub so um ein paar Wochen verlängern. Drei Monate Herumstreunen sind dann schnell mal drin. Bei der Freistellung sogar länger. In Österreich wird »Bildungskarenz« unter Fernwehkranken als heißer Tipp gehandelt. Ganz einwandfrei ist die Sache meiner Meinung nach nicht, weil das Ganze als subventionierte Fortbildung läuft. Aber nachdem sehr wenig kontrolliert wird, ob der E-Learning-Kurs oder das Fernstudium wirklich so intensiv sind, dass man zum Lernen brav zu

Hause sitzen muss, nutzen viele die Zeit zum Reisen. Ich habe keine Bildungskarenz beantragt, ich finde, ehrlich währt am längsten, aber jeder wie er will.

. . . .

Ich würde ja gern, ABER ...
ich habe
nicht genug Geld.

Auch diese Ausrede gilt nicht. Für jeden findet sich die richtige Formel aus Zeit + Träume = Budget.

Mein Budget betrug 42 000 Euro für elf Monate Auszeit. Auf einem Extra-Konto hatte ich weitere 10 000 Euro gebunkert, als Finanzpolster für die Rückkehr, um nicht sofort den erstbesten Job annehmen zu müssen. Reisen ist eine sehr persönliche Geschichte, und für mich war klar: Im Notfall jette ich lieber kürzer um die Welt, als dass ich nervös über Excel-Tabellen zu meinen Ausgaben brüte. Schnittige Mietautos, Hotels mit Infinity Pool oder Edelstein-Souvenirs waren mit dieser Reisekasse nicht drin. Aber mir war klar: Ein Schnorchelausflug ans Great Barrier Reef kostet nun mal 140 Euro, und den wollte ich mir nicht vom Mund absparen müssen. Prinzipiell ist es ökonomischer, nicht zur Hochsaison Hawaii anzupeilen. Ich habe es trotzdem gemacht, weil es großen symbolischen Wert für mich hatte, Silvester auf einer fliegenschissgroßen Insel mitten im Pazifik zu verbringen. Auf Hawaii ist durch die Zeitverschiebung das Jahr »länger«, man gewinnt als Europäer elf Stunden dazu – und holt, so zumindest meine Überlegung, das meiste aus dem Jahr heraus.

. . . .

Ich würde ja gern, ABER ...
ich will meine
Wohnung nicht aufgeben.
Muss auch nicht sein. Es gibt genügend Möglichkeiten, die eigenen vier Wände unterzuvermieten und zu Geld zu machen. Stichwort: Airbnb, sabbaticalhomes.com, Housesitter-Agenturen, Expat-Foren, Wohnbörsen etc. Weil die Tarife für Hausratversicherungen, Strom, Gas oder Internet jährlich um ein paar Prozent erhöht werden, sollte man diesen Preisanstieg vorausschauend in den Mietpreis einkalkulieren, sonst steigt man am Ende gar mit einem Minus aus und ärgert sich. Bei einer Mietwohnung ist das Okay der Eigentümer notwendig. Meine Vermieter – Freunde meiner Eltern – waren die verständnisvollsten Personen der Welt, ich lobpreise sie heute noch. Ansonsten kann ich allen, die in einer Universitätsstadt wohnen, nur den Tipp geben, jeweils zum Semesterstart ihre Reise zu beginnen. Denn dann suchen Studenten und Lehrpersonal aus dem Ausland oft eine möblierte Bleibe, die auf ein halbes Jahr oder ein Jahr befristet ist. In meinem Fall fand ich eine Design-Doktorandin mit irischen Wurzeln als Zwischenmieterin. Als sie fragte, welche Geschirrspültabs sie verwenden sollte, wusste ich, die Frau war der Jackpot. Mein wichtigstes Hab und Gut – den Inhalt von drei Kleider- und zwei Schuhschränken sowie einem Bücherregal – habe ich in fünfzehn Boxen verpackt und bei meiner beängstigend klugen Schwester, die immer eine Lösung weiß, und einer Freundin eingelagert, sodass die Jackpot-Irin Platz hatte.

. . . .

Ich würde ja gern, ABER ...
allein durch die Welt zu krebsen ist schrecklich
einsam und gefährlich.

Ein Solotrip ist sicher nichts für jeden. Wer bereits nach fünf Stunden allein daheim die Krise kriegt, sollte die Sache überdenken. Wobei: Man kann in alles hineinwachsen, man muss sich nur mental darauf einlassen. Selbst wenn es nervt, wie ein Lastenmuli auf Flughafentoiletten zu gehen, weil in Zeiten von Kofferbomben niemand mehr auf fremde Taschen aufpassen will – der Alleingang hat auch Vorteile. So kann man fünf Tage hintereinander in dasselbe Museum gehen, ohne sich von einem Gegenüber anhören zu müssen: »Nicht schon wieder, ist doch langweilig!«

Der wahre Zauber liegt jedoch in der Entdeckung des eigenen inneren Rhythmus. Familie, Schule, Ausbildung, Partnerschaft, Job – von Geburt an sind wir fremdbestimmt, es gilt Zeitpläne einzuhalten und mit dem Strom zu schwimmen. Beim Alleinreisen fällt das weg. Man kann aufstehen, wann man will, und niemand interessiert es, wenn man sich das Teatro Colón, das legendäre Opernhaus in Buenos Aires, nicht von innen angeschaut hat, obwohl man drei Wochen in der Stadt war. Dazu kommt: Beim Alleinreisen lernt man mehr Leute kennen als zu zweit. Man ist zur Kommunikation gezwungen, außer man hat ein Schweigegelübde abgelegt. Natürlich wird es stille Tage geben. Und mitunter wird's an Selbstmotivation fehlen. Oder an jemandem, mit dem man die schönen Momente teilen kann. Aber vereinsamen wird nur der, der vereinsamen will. Und ganz ehrlich, hin und wieder den Blues zu haben ist auch okay, es erdet.

Bleibt noch das Thema »gefährlich«. Ich halte es auf Reisen genauso wie zu Hause – ich schalte mein Hirn nicht aus, sondern an. Soll heißen: Ich trinke nicht so viel Alkohol, dass ich nicht mehr weiß, was um mich herum passiert. Nachts nehme ich ein Taxi. In Moscheen und Tempeln bedecke ich meine Schultern. Mein Handy ist dank Taschenakku (fast immer) aufgeladen. Und verabrede ich mich zu Dates, schicke ich einer Freundin vorher die Telefonnummer des Typen. Die Sache mit dem Ehering als Schutzschild gegen aufdringliche Kerle habe ich ignoriert. Ich finde, Selbstbewusstsein ist die beste Waffe.

....

Ich würde ja gern, ABER ...
ich habe Angst.

Gegenfrage: Wovor? Okay, man könnte sterben. Zugegeben, das wäre nicht so ideal. Aber das kann genauso gut daheim passieren, der Sensenmann ist in seiner Arbeit hochgradig unberechenbar. Und unter uns: Wenn wir tot sind, so ist das zwar schrecklich, aber mit der Verschiffung der Gebeine sind ohnehin die Verwandten und der Versicherungsmakler beschäftigt. Was noch außer der Angst vor dem Tod? Angst, so eine Reise nicht zu schaffen, beim ersten Problem alles abzubrechen und dann daheim als Loser dazustehen? Verstehe ich. Aber woher weiß man, dass man etwas nicht schafft, wenn man es nicht probiert hat? Außerdem: Solange man die eigenen Erwartungen nicht zu hoch schraubt, kann man auch nicht scheitern. Sollten Sie nach ein paar Monaten entnervt abbrechen – *so what*? Sie sind nicht gescheitert. Ihnen gebührt Applaus, denn Sie haben es zumindest probiert.

....

....

2
UNSICHERE SCHRITTE
IN RICHTUNG FREIHEIT

Wien
Juni
Zurückgelegte Distanz:
1,6 KILOMETER
(das Reisebüro war in der Nachbarschaft)

Der erste Schritt wäre getan. Ich habe gekündigt. Morgens bin ich als Chefredakteurin mit respektablem Gehalt in den Verlag gegangen, mittags als zukünftige Arbeitslose aus dem Büro meines Herausgebers wieder herausgekrochen. Ich hatte in dem Gespräch mit meinem Chef versucht, selbstsicher zu wirken. Doch schon die ersten Fragen nach dem Wohin und dem Wie brachten das Bild von der Weltentdeckerin ins Wanken. Irgendwann musste ich kleinlaut zugeben: Ich hatte keinen wirklich ausgereiften Plan, außer jenem, lange zu schlafen, die Liebe oder wahlweise den weltbesten Oktopussalat zu finden und so lange zu reisen, bis mir das Geld ausgeht. Mein Chef nickte, auch wenn er vieles nicht verstand, und meinte: »Wenn das dein Ding ist, dann musst du es machen.«

»Wie geht's dir mit der Entscheidung?«, fragte eine Kollegin später, der ich von meiner Kündigung erzählt hatte. Anstelle einer Antwort begann meine Unterlippe zu bibbern. »Angst vor der eigenen Courage, oder?«, meinte sie – und hatte recht. Aber neben der aufkeimenden Existenzangst – »In drei Monaten fließt kein Geld mehr aufs Konto, es wird nur noch welches abgezogen, Hilfe!« – machte sich auch Eifersucht breit. Auf meine Nachfolgerin! Eine Person, die noch nicht einmal gesucht, geschweige denn gefunden war. Dass schon sehr bald jemand anderes an meinem Schreibtisch sitzen würde, empfand ich als persönlichen Affront. Einatmen. Ausatmen. Bloß nicht weiter darüber nachdenken und sicherheitshalber nachts mit der Anti-Knirsch-Schiene im Mund schlafen.

Den nervös malmenden Kiefer habe ich mittlerweile halbwegs im Griff. Mehr kämpfe ich derzeit mit meinen Ohren. Am liebsten würde ich sie mit Watte zustopfen. Ein Impuls, der mit den ersten »Hey, du gehst auf Weltreise?!«-Kommentaren begann. Seit sich die Sache herumgesprochen hat, werde ich von allen Seiten mit Reisetipps bombardiert.

»Geht's auch nach Kapstadt?«, fragte etwa ein Kollege.

»Ich denke schon«, antwortete ich.

»Dann *musst* du in dieses Wahnsinns-Hotel am Chapman's Peak gehen. Warte, ich schreibe dir den Namen auf. Du schaust aufs Meer und auf den Tafelberg! Und die Weinkarte ist sowieso ein Traum!«

»Luxushotels liegen leider nicht in meinem Budget«, erwiderte ich zögerlich. »Ich mache eine Weltreise, ich fahre nicht in einen normalen Urlaub.«

»Ach, zwei, drei Nächte sind sicher drin«, insistierte er.
»Du hast doch gespart, du musst dir was gönnen.«

Irgendwann gab ich auf und nahm den blöden Zettel mit dem Hotelnamen darauf.

Zsófia, Waxing-Expertin meines Vertrauens, schwärmte wiederum von Australien.

»Wie lange wirst du in Down Under sein?«, wollte sie wissen, während sie meine Bikinizone mit Heißwachs einstrich.

»Ein paar Wochen?«, antwortete ich kryptisch, um nicht durchscheinen zu lassen, dass ich noch keinen konkreten Zeitplan, geschweige denn sämtliche Destinationen fixiert hatte. Immerhin hatte ich noch drei Monate Zeit.

»Perfekt! Dann musst du unbedingt mit einem Wohnmobil die Ostküste rauf. Ich habe das mit meinem Mann gemacht.«

»Ich werde allein unterwegs sein, Zsófia«, gab ich zu bedenken. »Australien ist riesengroß. Täglich Hunderte Kilometer fahren, ins Bett fallen und mich am nächsten Morgen wieder ins Auto schwingen … Ich fürchte, daraus wird nichts. Ich werde mich eher in Städten rumtreiben, das passt auch besser für meine Art des Reisens. Ich bin keine Rucksacktouristin, ich werde mit einem großen Koffer reisen.«

»Neeeein«, protestierte die Depiladora und setzte mit entschlossenem Ruck zum Kahlschlag an. »Du versäumst was! Nimm einen Rucksack, nimm das Wohnmobil. Das war die tollste Reise meines Lebens, wirklich.«

Nach Zsófia war mir elend zumute, nicht nur wegen meiner feuerroten und geschundenen Haut. Jedes Gespräch, das sich dieser Tage um die Weltreise dreht, scheint Optionen aufzuzeigen, die keine sind. Was zur Folge hat, dass ich mich wie ein Globetrottel fühle, obwohl ich noch keinen Meter gereist bin. »Du versäumst was!«, tönen die Stimmen in meinem Kopf. »Du wirst es bereuen, wenn du dieses und jenes nicht machst.« Hilfe! Aufhören! Nein, ich werde nicht den alten Hexenmeister in Nairobi besuchen. Und auch bei einer wildromantischen Reise auf dem Amazonas mit einem Frachtschiff muss ich passen. Warum? Na, weil meine Auszeit nur knapp ein Jahr dauern wird und ich das dringende Bedürfnis habe, langsam zu reisen. Drei, vier Wochen will ich mindestens an einem Ort verbringen. Zu wenig Zeit, um anzukommen, aber genug, um zu erahnen, wie eine Stadt so tickt. Dreizehn, vierzehn, vielleicht fünfzehn Destinationen, mehr sind nicht drin. Selbst wenn ich ab Tag eins meiner Geburt gereist wäre, könnte ich es bei einer normalen statistischen Lebenserwartung nicht schaffen, jeden größeren Ort dieser Welt zu sehen, schon gar nicht jeden kleineren. Dafür ist dieser verdammte Planet einfach zu gigantisch.

Bei so einem Dilemma hilft nur: radikal ausmisten. In meinem Fall habe ich mir also alle Destinationen aufgeschrieben, die mir beim Drehen des Globus ins Auge sprangen. Dabei wurde schnell klar: Der Himalaya in Nepal ist nicht mein Ding. Genau genommen fällt für mich alles flach, wofür ich khakifarbene Multifunktionshosen mit abnehmbaren Beinen brauche (auf Safari kann man notfalls auch in einer Jeans gehen, das ist in jeder Hinsicht stiltechnisch würdevoller). Ich bin mehr der Typ »Mädchen auf Reisen«: große Städte, schöne Strände, fotogene Natur, Internetanschluss.

Letztlich schafften es zwanzig Reiseziele auf meine Liste. Darunter Hawaii. Wegen des Jahreswechsels unter Palmen. Und weil man da sonst nur für Flitterwochen hinkommt, aber bekanntermaßen fehlt mir für den Hula-Honeymoon ein halbwegs vernünftiger Mann. Dann: Buenos Aires. Wegen der saftigen Steaks, des Tangos und weil ich mit wehenden Haaren durch die Pampa reiten wollte. Tokio musste auch sein. Unterhöschen-Automaten und das schrille Viertel rund um den Bahnhof Harajuku gehören zur erweiterten Allgemeinbildung.

Letzte Feinheiten – Sydney oder Melbourne? – klärte ich schließlich mit der Google-Bildersuche. Die Stadt mit den ansprechenderen Fotos – Harbour Bridge! Oper! Sydney! – gewann. Das mag stümperhaft klingen, aber letztlich kann man dabei wenig falsch machen. Man kann ohnehin nur seinem Herzen folgen. Die Logik setzt sowieso viel zu früh ein und kam bei mir in Form von Herrn Wehsner daher. Herr Wehsner ist Berater beim Wiener Reisebüro Mondial. Ein stoischer, älterer Herr, der wenig Empathie für Erst-Weltreisende hat. Auch wenn er sich letztlich als Held entpuppte, wollte ich ihn nach unserem ersten Kontakt lebend durch den Fleischwolf drehen. Denn als ich meine Wunsch-Destinationen bekannt gab, ließ er mich per E-Mail wissen: »Von Hawaii zurück nach Südamerika und erst dann nach Australien? Das macht keinen Sinn, das ist nicht ökonomisch. Sie fliegen ja kreuz und quer, ein Round-the-World-Ticket geht nur in eine Richtung.«

Ich tippte bockig zurück: »Ich bin keine achtzehn mehr und auch keine Backpackerin, ich weiß durchaus, was ich will. Hawaii ist unumstößlich, das hat für mich symbolischen Wert, da muss ich Silvester hin.«

Er: »In Südamerika würde ich nicht nur Buenos Aires machen, schade ums Geld, das müsste man anders planen. Es gäbe die Möglichkeit Buenos Aires – Santiago de Chile – Osterinsel – Papeete – Auckland – Sydney.«
Erneute Fleischwolf-Gelüste. Warum machte der Kerl nicht, was ich wollte? Konnte doch nicht so schwer sein, oder?

Am Ende rettete meine beängstigend kluge Schwester die Situation. Sie ist jünger als ich, zweieinhalb Jahre nur, aber manchmal beschleicht mich der Verdacht, dass ich, als Gott das Hirn in unserer Familie verteilte, nicht zu Hause war, während sie artig in der ersten Reihe stand und »Hier!« schrie.

»Wohin willst du? Welche Destinationen sind fix?«, fragte sie, als ich hilfesuchend bei ihr aufkreuzte.

Ich reichte ihr wortlos meine Liste.

Dann warf die Schwester ihren Laptop an und sortierte mit drei Gläsern Weißwein, einer Excel-Tabelle und einer Flugsuchmaschine das Chaos in meinem Kopf.

Sie sagte Dinge wie: »Hmmm. Tokio Anfang März ist noch zu früh. Keine Kirschblüte, außerdem ist es da schweinekalt. Da müssen wir vorher ein anderes Land einschieben. Du kommst aus Buenos Aires, fliegst weiter nach Australien und Japan. Wie wäre es mit Rio de Janeiro im März?«

»Von mir aus«, meinte ich. »Wie warm ist es dort um diese Jahreszeit?«

»Bikiniwetter«, checkte die Schwester zufrieden die Online-Klimatabelle. Mittlerweile traue ich ihr alles zu, nicht nur die Weltherrschaft. Gegen ein Uhr nachts präsentierte sie mir Plan A, B und C.

»Die Route enthält möglichst viele Direktflüge«, erklärte sie. »Das mailst du an Herrn Wehsner, er soll mal schauen, ob das klappt. Und wenn nicht, haben wir Alternativen.«

Was soll ich sagen? Herr Wehsner war beeindruckt von »meinen« geistigen Fortschritten und arbeitete einen Tag später einen detaillierten Flugplan aus. Wien —> Tansania —> Kapstadt —> San Francisco —> Hawaii —> Buenos Aires —> Rio de Janeiro —> Sydney —> Tokio —> Bangkok —> Paris —> Helsinki —> Marrakesch —> Lissabon —> Wien.

80 Prozent wurden von einem Round-the-World-Ticket abgedeckt, 20 Prozent musste ich wegen meines Zickzackkurses hinzukaufen. Gut 5500 Euro sollte mich die Sache kosten, inklusive einem E-Visum für Australien. Kein wirkliches Schnäppchen, aber so etwas macht man nur einmal im Leben. In der Route liegt die Kraft, das Bauchgefühl muss stimmen.

Heute werde ich die Anzahlung auf den Tisch legen, dann geht hoffentlich alles seinen Lauf. Jetzt muss ich nur noch mit dem Paralleluniversum umgehen lernen. Seitdem ich kundgetan habe, dass ich um die Welt reisen will, hat mich mein Umfeld in einer Art unfreiwilligem Exil geparkt. Ich bin mittendrin und doch nicht mehr dabei, obwohl ich erst im Oktober starte. Vor allem in Sachen Männer ist das auffällig. Jeder halbwegs interessante Typ, der mir über den Weg läuft, wird bei der Erwähnung meines Vorhabens merkwürdig wortkarg.

»Weltreise. Interessant.«

»Ja. Aber bis ich losfahre, ist es noch eine Weile hin.« Stupides Grinsen meinerseits.

»Wie lange wirst du unterwegs sein?«

»Elf, vielleicht auch zwölf Monate, mal sehen, wie lange das Geld reicht.«

»Aha.«

»Wie gesagt: Noch bin ich da.«

»Klingt super, echt. Schreib mal eine Mail oder so. Bis dann!«

Uff. Wer früher stirbt, ist länger tot. In Sachen Liebesleben sogar mausetot.

Und auch die beängstigend kluge Schwester stellt meine Geduld auf die Probe und weist mich mit strengem »Das macht erst nach deiner Rückkehr Sinn« auf gewisse Einschränkungen hin. Beispiel Shopping. Ich entdecke einen wunderschönen schwarzen Weekender aus Kalbsleder und will damit schon zur Kasse. Woraufhin meine Schwester sich räuspert und raunt:

»Ähm, du gehst auf Weltreise.«

»Na und?«

»Du solltest vorher nicht mehr so viel Zeug ansammeln.«

»Aber die Tasche ist *wirklich* schön, die kann ich sicher auch für die Weltreise gebrauchen, als Handgepäck, ein Klassiker, passt zu allem.«

»Wo bitte wirst du denn so eine feine Ledertasche brauchen? Auf dem Fischerboot in Thailand? Oder am Strand auf Hawaii?«

»Mann, du nervst.«

»Spar die 200 Euro, du wirst später noch froh um das Geld sein.«

»Ich werde aber auch froh um eine vernünftige Tasche sein.«

»Wenn du meinst ...«

»Soll ich sie nicht kaufen?«

»Du wirst schon wissen, was du tust.«

Was soll ich sagen, ich bin natürlich ohne das Teil aus dem Laden gegangen. Keiner hat gesagt, dass eine Weltreise einfach ist. Jetzt muss ich mich die nächsten zehn Wochen nur taub für Reisetipps und blind für tolle Taschen stellen, dann kann nichts mehr passieren. Am besten, ich schließe mich in einem Keller ein.

Reden wir über: PLANEN

Wie lange sollte die Vorbereitungsphase sein?

Drei Monate. Mehr braucht es meines Erachtens nicht, außer man will sich selbst in den Wahnsinn treiben. Als Faustregel gilt: Zuerst den Job kündigen oder den Chef in Sachen Sabbatical oder Freistellung festnageln, dann planen. Man muss verbindlich wissen, wann der letzte Arbeitstag ist, denn daraus ergibt sich, wie lange man noch gesetzlich krankenversichert ist. Außerdem klärt sich mit der Beendigung des Arbeitsverhältnisses auch die endgültige Summe in der Reisekasse: Manche Firmen zahlen Resturlaub aus, manche nicht. Wer selbstständig arbeitet und keinen Boss hat, wird die drei Monate ebenfalls benötigen. Ich sage nur: Impfungen, Zwischenmieter-Suche (oder Wohnungsauflösung) etc.

Womit beginne ich idealerweise?

Mit allem, was Kündigungsfristen hat: Job (gut, das hatten wir ja schon), Versicherungen, GEZ, Garage, Wohnung, Mobilfunkvertrag, Zeitschriften. Meine Reise startete im Oktober, ab Mitte Juni inserierte ich meine Mietwohnung auf fünf verschiedenen Online-Portalen – und das war gut so. Es dauert, bis man jemanden findet, bei dem man das Gefühl hat: Der ist nett, der fackelt nicht die Bude ab ... Meine private Krankenversicherung wurde auf Anraten meines Versicherungsmaklers nicht aufgelöst, sondern nur stillgelegt. Das bedeutet: Man zahlt nur einen Bruchteil des Monatsbeitrags (bei mir war's ein Achtel der normalen Abzüge), dafür kann man bei der Rückkehr sofort wieder in den Vertrag einsteigen, ohne dass ein Gesundheitscheck verlangt wird oder die Prämie sich ändert. In puncto Mobilfunk bin ich auf den billigsten Tarif umgestiegen, der möglich war. Ich wollte mein österreichisches Smartphone als Notfall-Telefon mitführen. Andere pfeifen drauf und legen sich nur Telefonkarten des jeweiligen Reiselands zu, aber da war ich zu sehr Kontrollfreak. Die Gewissheit, jederzeit die beängstigend kluge Schwester oder eine Airline anrufen zu können, auch wenn ich noch keine lokale SIM-Karte oder ein funktionierendes WLAN gefunden hatte, beruhigte mich. Ich hab's eh nie getan, es gibt fast überall freie WiFi-Spots. Letztlich hätte ich vielleicht 150 Euro gespart.

....

Und was dann?

Auf zum Impfen, und zwar sukzessive, denn man kann sich das ganze Zeug nicht in einer Sitzung reinjagen, das hält selbst die stärkste Rossnatur nicht aus. Zu empfehlen sind Impfungen gegen Diphtherie, Tetanus, Typhus, Hepatitis A und B. Wer an keinem Straßenhund vorbeigehen kann, ohne ihn zu streicheln, ist mit einer Tollwut-Impfung gut beraten. Beim Besuch von Dritte-Welt-Waisenhäusern, in denen Gehirnhautentzündungen weit verbreitet sind, raten Ärzte gern zu einer Meningokokken-Impfung. Ich war extra bei einer Tropenmedizinerin, die bekannt dafür ist, dass sie dem ganzen Impfwahn kritisch gegenübersteht. Aber nachdem ich ihr nicht hundertprozentig versichern konnte, keine »Abstecher« von der geplanten Route zu machen, gab sie mir sicherheitshalber und zähneknirschend das volle Programm.

Zeitgleich zum Tropenmediziner ist ein Boxenstopp im Reisebüro ratsam. Man kann sich seine Flüge und sein Round-the-World-Ticket natürlich auch selbst im Internet zusammenstellen, ich habe es nicht geschafft. Schnell tauchten Fragen auf wie: »Wenn ich zwei Flüge von zwei verschiedenen Airlines buche, wird dann das Gepäck automatisch durchgecheckt?« Und die Spielregeln der Round-the-World-Tickets von verschiedenen Fluggesellschaften sind auch nicht immer selbsterklärend. (Wie viele Stopps sind pro Kontinent erlaubt? Was passiert, wenn ich an einem anderen Flughafen als dem Ankunfts-Airport weiterreisen will? Wird da nur die Distanz in Luftlinie zum Gesamt-Flugmeilenkonto gerechnet oder die vom Landweg?«) Man muss sich das Leben nicht unnötig schwer machen, vor allem, wenn es Profis für solche speziellen Angelegenheiten gibt. Gekostet hat es auch nicht mehr.

•••••••••••••••••

KANN MAN MACHEN

✓ Blogs von anderen Weltreisenden lesen.

✓ Notfall-Geldverstecke überlegen
(Socken, Schuh-Zwischensohlen, Schlüsselan-
hänger).

✓ Einen Zweitpass beantragen, wenn man Angst
hat, dass man den ersten verschludern könnte.

BESSER NICHT

✗ Nachts wach liegen und Begriffe wie »Flugzeug-
abstürze« und »Malaria« googeln.

✗ In der Wohnung abschiedswehmütig seine
sündhaft teure ägyptische Baumwollbettwäsche
streicheln.

✗ Beim Anblick der vielen Cremetiegel im Badezimmer einen Nervenzusammenbruch erleiden
und heulen: »Ich werde unterwegs aussehen wie
der letzte Rotz.«

Wie lege ich die Route fest?

Am besten mit dem Herzen. Wo zieht es mich hin? Was will ich
sehen? Zugegeben, das ist keine besonders strukturierte Vor-
gehensweise, aber sie fühlte sich bei mir stimmig an. Außerdem
darf man ruhig seinen Träumen folgen. Wie sagte Walt Disney?
»Wenn man träumen kann, dann kann man es auch tun.«

Round-the-World-Ticket –
Ja oder Nein?

Das ist nicht so ganz einfach zu beantworten. Bei RTW-Tickets kann man eine gewisse Anzahl von Flügen gratis umbuchen, das ist praktisch, denn Pläne ändern sich immer (ungeschriebenes Reisegesetz). Und bei impulsiven Kursänderungen keine teuren Umbuchungsgebühren zahlen zu müssen ist nicht nur für den Kontrollfreak und den schwer nervösen inneren Finanzminister Gold wert. Der Nachteil: Die Tickets haben eine limitierte Gesamtmeilenzahl, es gibt Beschränkungen, wie viele Stopps man auf einem Kontinent hinlegen darf, und – das war für mich das größte Hindernis – die Routenführung ist nur in eine Richtung erlaubt. Entweder startet man vereinfacht gesagt nach links, über Afrika und die USA durch die Welt. Oder man beginnt rechts, fliegt nach Asien und über Australien weiter. Meine Strecke führte allerdings teilweise wieder auf einen Kontinent zurück, den ich schon längst verlassen hatte. Ein Zick-Zack-Kurs. Also kaufte ich kurzerhand zu meinem RTW-Ticket noch einzelne Flüge, um keinen Round-The-World-Regelverstoß zu begehen. Ach ja, nur damit's nicht unerwähnt ist: Tatsächlich schwören einige Leute, man könne gratis um die Welt jetten, wenn man Kreditkarten-Boni, gesammelte Flugmeilen und die Bonusprogramme der verschiedenen Airlines geschickt kombiniert. Googeln Sie Ben Schlappig, das ist der Oberguru dieser Community, ein Deutsch-Amerikaner. Als ich mir Berichte über ihn im Internet anschaute, dachte ich: Ganz schön ausgefuchst, aber ich mach's doch lieber auf dem regulären Weg.

· · · · · · · · · · · · · · · · ·

3

AFRIKA FÜR ANFÄNGER

Momella und Serengeti, Tansania
Oktober
Zurückgelegte Distanz:
8840 KILOMETER

Ich bin tatsächlich in A-f-r-i-k-a! Im ostafrikanischen Tansania, um genau zu sein, in einem kleinen Dorf namens Momella, zwei holprige Autostunden vom Kilimanjaro Airport entfernt. Das Kaff muss man nicht kennen, auch wenn es in der 1962 gedrehten Abenteuerkomödie *Hatari!* eine Hauptrolle spielt. John Wayne war darin zu sehen, aber als waffenschwingender Großwildjäger glänzte er nicht unbedingt oscarverdächtig. Jedenfalls: In Momella gibt es nicht viel außer ein paar staubigen Straßen und Lehmhäusern. Man schaut auf die Steppe, auf getrocknetes Gras, Kühe, Ziegen, wandernde Massai, und in den Morgenstunden stakst gerne eine Giraffe vorbei, um eine Akazie kahl zu fressen. Bei klarem Himmel zeigt sich am Horizont der verschneite Gipfel des Kilimand-

scharo, zum Angeben kann man die Fotos allerdings nicht online posten, das Internet in Momella funkt nicht. Zumindest
funktioniert es nie, wann man will.

Ich habe zwar eingangs getönt, ich wäre eher der Städte-
typ beim Reisen, aber Momella war als erste Station meiner
Weltreise ganz bewusst ausgewählt. Für den Start des Big Trip
wollte ich was Ruhiges, was zum Durchatmen und Runterkom-
men. Einen Platz in der Natur, der keine H&M-Filiale und keinen Starbucks an jeder Ecke hat. Für dieses Unterfangen schien
Ostafrika perfekt, zumal mir bei der Reiseplanung in einer
Buchhandlung ein Schmöker mit dem Titel *Kulturschock Tansania* in die Hände gefallen war. *Kulturschock* klang goldrichtig, es
klang nach Kopf frei kriegen und Eintauchen in eine neue Welt.

Ganz allein in den afrikanischen Busch zu gehen, dafür
war ich dann aber doch zu feige. Also habe ich bei der Hilfsor-
ganisation »Africa Amini Alama«, einem beherzten Mut-
ter-Tochter-Projekt, angedockt und dort für drei Wochen Un-
terschlupf gesucht. Mit dem Geld, das ich ausgebe für Bett,
Dusche und drei haarige Mitbewohner-Spinnen, die ich Edgar,
Erna und Eduard getauft habe, werden ein Waisenhaus und
eine Krankenstation unterstützt. Eine Win-win-Situation. Ich
habe einen sicheren Hafen, Africa Amini Alama hat finanziell
etwas davon. Dass das Wasser in meiner Dusche kalt und nur
ein dünnes Rinnsal ist – Schwamm drüber. Mittlerweile weiß
ich: Wenn ich Warmduschgelüste verspüre oder den Step-
penstaub gründlich aus den Haaren waschen will, kann ich jederzeit bei den jungen Freiwilligen nebenan klopfen. Deren
Wassererhitzer funktioniert, dafür haben sie Fledermauskot in
den Betten. Das Zeug rieselt von der Zimmerdecke, einem wa-

ckeligen Konstrukt aus schmalen Holzbalken und gespannter Jute. Erst dachten wir, es handle sich um normale Mäuse, mittlerweile wurden wir aufgeklärt, dass Batman und seine Freunde im Dach hausen. Ich finde das alles hochgradig interessant, genauso wie die Tatsache, dass ich meine Hose und meine Schuhe vor dem Anziehen auf Spinnen und anderes Getier ausklopfen muss ...

Manchmal sitze ich stundenlang auf dem wackeligen Plastiksessel vor meinem Häuschen, lese einen vergilbten Schmöker aus der Camp-Bibliothek und schaue auf den endlos weiten Horizont und den Gipfel des Mount Meru. Das ist der heilige Berg der Massai und der ist in der Dämmerung gerne in kitschig rosa und rotes Licht getaucht. Nachts höre ich Hyänen um mein Fenster schleichen. Wird ihr Heulen zu laut, knipse ich die Taschenlampe an, um am Ende nichts zu sehen, außer Edgar, Erna und Eduard, die mich unverdrossen anstarren und darüber grübeln, wem ich wohl als Erstes ins Netz gehe.

Wien und der Abreisewahnsinn scheinen unendlich weit weg zu sein, fast wie ein anderes Leben, dabei bin ich gerade mal vor zwei Wochen losgezogen. Wenn ich daran denke, wie ich im Packchaos abschiedsmelancholisch »Rocket Man« von Elton John in Dauerschleife hörte (keine gute Idee, außer man will die ganze Zeit heulen), muss ich lachen. Und ein wenig melodramatisch war auch, wie ich mir selbst leidtat, als ich bis Mitternacht die Wohnung für die Zwischenmieterin schrubbte und mir vom vielen Kistenschleppen alles wehtat. Wie der Grinch saß ich in meiner Höhle und fluchte: »Warum muss alles immer so verdammt mühsam sein, warum darf ich nicht mal Prinzessin spielen? Warum habe ich es nie geschafft, mir eine

Eigentumswohnung zu finanzieren, die könnte ich einfach abschließen, und basta!« Und wo ich schon dabei war, verfluchte ich auch gleich das Leben ohne Mann. Wo verdammt war der Kerl, der mich auf Händen tragen würde und den Koffer gleich dazu? Statt einem Mann kam am Tag der Abreise die beängstigend kluge Schwester. Sie fuhr mich zum Flughafen, und an unser Gespräch im Auto muss ich hier in Afrika oft denken.

»Hast du alles?«, fragte sie, als sie meinen Koffer in ihr Auto hievte. Neunundzwanzig Kilo wog das Ding. Backpacker und erfahrene Weltenbummler dürfen gerne lachen. Aber zu weniger konnte ich mich nicht durchringen, um nicht wie ein existenzbedrohter, hyperventilierender Wellensittich zu agieren.

»Keine Ahnung«, antwortete ich.

Und das war die Wahrheit. Die Reisewäscheleine, die ich vorab für acht Euro – acht Euro für ein Stück Schnur mit Plastikklemmen! – im Internet bestellt hatte, war definitiv nicht im Gepäck. Ich hatte sie einfach nicht finden können, und das hatte mich fast wahnsinnig gemacht. Nun gut, letztlich würden Bikini und T-Shirts auch ohne das Teil trocken werden ...

Während Wien und seine Prunkbauten an mir vorüberzogen, begann ich nachzudenken. Wie würde ich in einem Jahr zurückkommen? Als Ich, das ich jetzt war, oder als jemand völlig anderes? Wie würde ich aussehen? Welche Werte wären mir wichtig? Hätte ich neue Narben? Eine neue Liebe? Noch alle Zähne im Mund? Und was, wenn meine Augen das alles hier zum letzten Mal sehen, weil ich im nächsten Herbst nicht mehr unter den Lebenden bin?

»Mein Testament hast du im Safe in deiner Wohnung verwahrt, oder?«, fragte ich schließlich die beängstigend kluge Schwester, die beängstigend schlecht Auto fährt und soeben im Begriff war, eine Radfahrerin zu schneiden.

»Ja«, gab sie ungehalten zurück. »Aber so gemeingefährlich ist mein Fahrstil nun auch wieder nicht.«

»Ich habe eher aus dem Grund gefragt, weil in einem Jahr viel passieren kann.«

Den Tipp, einen Letzten Willen zu verfassen, hatte ich in einem Weltreise-Blog gelesen. Erst wollte ich die Sache ignorieren, aber das Killerargument, »Jeder wird einmal sterben«, hat schon was. Also habe ich im Netz nach Testamentsvorlagen gegoogelt, und fünfzehn Minuten später tippte ich Folgendes: »Ich, Waltraud Hable, setze in Vollbesitz meiner geistigen Kräfte meine beängstigend kluge Schwester zu meiner Universalerbin ein. Sie hat vollen Zugriff auf mein Bankkonto xxx und das Sparbuch. Dieses Dokument gilt bis zum Ende meiner Weltreise.« Ausdrucken, Datum, Ort, zwei Unterschriften, meine eigene und ihre, fertig.

»Daran will ich nicht mal denken, dass dir etwas passieren kann«, kam es plötzlich leise von der Schwester.

»Ich auch nicht«, flüsterte ich, bevor mir die Tränen in die Augen schossen. Zeit, Abschied zu nehmen. »Du passt von der Ferne aus auf mich auf, ja? Wenn ich verloren gehe, ortest du mein iPhone.«

Sie lächelte hilflos.

Ich muss oft an diese letzte Szene denken. Die kleine Schwester, die auf die große aufpasst. Und die große, die sich auf die kleine verlässt. Das muss an den Zebras hier in Tansania liegen. »Zebras sind sehr familienorientiert, sie stehen ständig zusammen, schon bemerkt?«, wurde mir von einem naturkundigen Dorfbewohner Momellas erklärt. »Sie formieren sich beim Grasen in wildesten Formationen, sodass ihre Silhouetten aus der Ferne nicht mehr als die von Zebras erkennbar sind. Für Löwen sehen sie von Weitem wie ein Termitenbau aus und sind damit uninteressant.«

»Die Zebras passen also auf diese Weise aufeinander auf?«

»Ja, in der Natur lernt man, auf sich und seine Sippe zu schauen.«

Bamm, da war er wieder, der Gedanke an die Schwester. Doch nicht nur wegen der empathischen Streifentiere mit dem knackigen Hintern mag ich den Busch. Auch wenn ich außer »hujambo« (Hallo) und »karibu« (Willkommen) noch kein Wort Swahili sprechen kann (von den 125 anderen Sprachen, die in Tansania kursieren, ganz zu schweigen) und die Tage sehr lang sind, weil es nichts zu tun gibt, finde ich genau diese Eintönigkeit großartig. Ich weiß nicht, wann ich das letzte Mal so schnell vergessen habe, welcher Wochentag ist.

Nur einmal hatte ich mich bislang aufgerafft, die Einöde zu verlassen, um sie gegen ein noch größeres Nichts zu tauschen: die Serengeti im Norden Tansanias. Elf Stunden dauert die Fahrt dorthin. Das Scheppern des Jeeps, der sich mit mir und vier weiteren safariwütigen Touristen durch kratertiefe Schlaglöcher und Geröll kämpfte, klingt mir noch in den Ohren. Wie sich das ständige Kuppeln, Bremsen und Gasgeben für Charles, unseren unerschrockenen Ranger und Fahrer, angefühlt haben muss, daran wage ich gar nicht zu denken.

In der Serengeti (der Name bedeutet übersetzt in etwa »endloses Land«) geht es darum, Löwen, Elefanten, Leoparden, Büffel und Nashörner in ihrer natürlichen Umgebung zu erleben. The Big Five, die Königsklasse der Wildnis, alle auf einem Fleck. Antilopen, Gnus, Hyänen, Zebras, Giraffen und Aasgeier bekommt man noch gratis dazu. Aber genau genommen geht es in der Serengeti ums Nachdenken. Weil die Tierwelt und ihre Gesetze ein bisschen beeindruckender sind, als ich mir anfangs eingestehen wollte. Man denkt etwa, wenn man nachts um drei im Zelt liegt und vom Schnaufen eines randalierenden Elefanten geweckt wird: Mist, ich hätte auf Charles hören und die Schokokekse im Jeep lassen sollen. Er hatte gesagt: »Kein Essen, ich wiederhole, kein Essen im Zelt.« Aber die Gier war größer. Und als ich im einzigen Supermarkt auf der langen Strecke Oreo-Kekse entdeckte (die Afrikaner haben es nach meinen kulinarischen Beobachtungen nicht so mit Schokolade; Chips und Trockenfleisch scheinen eher ihr Snack-Ding zu sein), nahm ich das als ein Zeichen. Ich musste die Kekspackung kaufen – und der Schatz kam mit ins Zelt.

Am Ende nahm der hungrige Dickhäuter nicht mich, sondern die eingezäunte Kochstelle mit den Vorräten auseinander. Die reifen Mangos hatten es ihm angetan. Charles vertrieb ihn mit Schreien, mit Feuer und mit Steinen, und ich stopfte mir gefühlte 1500 Kalorien auf einmal in den Mund. An Schlaf war danach nicht mehr zu denken.

Noch vor Sonnenaufgang ging es los. Auch die Erdmännchen schienen einen wichtigen Tag vor sich zu haben, sie flitzten zeitgleich mit uns aus ihren Löchern. Langsam rollte Charles den Jeep durch die Weiten des Nationalparks, immer mit dem Fernglas in der Hand. Charles war um die fünfzig, ein behäbiger, großer Mann mit tiefschwarzer Haut und väterlich freundlichem Lächeln, ein Mann, den wenig aus der Fassung bringen konnte. Er war im Busch aufgewachsen, sein Vater und sein Großvater hatten ihm beigebracht, wie man Spuren liest und einen Gepard selbst im dichtesten Dickicht erspäht. Seine Lieblingsgeschichte handelte davon, wie er für einen reichen Jäger einen seltenen Vogel fing. Viele hatten sich schon daran versucht, das Tier zu erwischen. Charles brauchte genau eine Nacht und ein paar Früchte. Letztere tränkte er großzügig mit Bananenbier, dann musste er nur noch darauf warten, bis der gefräßige Vogel so beschwipst war, dass er ihm von allein ins Netz ging.

»Da, ein Rudel Junglöwen«, brummte Charles auf einmal äußerst zufrieden. Acht Raubkatzen, die an einer Büffelherde ihre Kräfte messen wollten, auf einem Fleck. »Löwen schleichen sich stets in Zweier- oder Dreiergruppen an. Kaum steht die eine Gruppe in Position, formiert sich die nächste, so stricken sie ein engmaschiges Netz. Aber die hier sehen nicht hungrig aus, sie sind zu wohlgenährt. Sie wollen wahrscheinlich nur ein wenig ihre Kräfte messen.«

Seine Erklärungen waren es, die die Serengeti so faszinierend machten. Denn, ganz ehrlich, zuerst dachte ich: Na ja, wird wie ein Zoo sein, nur größer. Doch das war kein Zoo. Das, was ich da auf unserer Safari beobachtete, war nicht nur größer, es ließ mich demütig vor den ungeschriebenen Gesetzen der Natur und dem klugen Umgang der Tiere miteinander werden. Gnus etwa gehen bei ihren langen Wanderungen Allianzen mit Zebras ein. Beide profitieren davon, denn Gnus können Hunderte Kilometer weit Wasser riechen, während Zebras besser sehen und potenzielle Angreifer schneller ausmachen können. Und auch wenn es in der Wildnis ums Fressen und Gefressen-Werden geht, regiert trotzdem der Teamgeist. Innerhalb der eigenen Familie kümmert man sich um die Kleinen und Schwachen, man passt aufeinander auf. Das hört sich vielleicht naiv an, aber anders kann ich es nicht beschreiben. Der Zauber liegt in den Details.

Vielleicht hilft dieses Bild: Eine fünfundzwanzigköpfige Elefantenherde zog an mir vorbei. Das allein war schon ein Spektakel, weil die Viecher größer als die Elefanten sind, die man aus dem Zirkus oder Filmen kennt (dort werden hauptsächlich asiatische Dickhäuter eingesetzt, die wesentlich kleiner sind als ihre afrikanischen Verwandten). Plötzlich blieb der Anführer der Herde, ein Bulle, drei Meter hoch, fünf Tonnen schwer, stehen. Aus geröteten Augen starrte er mich eindringlich an, als wollte er sagen: »Denk nicht einmal dran, meiner Familie wehzutun, sonst tu ich dir tausendmal mehr weh.« Der Rest seiner Sippe formierte sich derweil schützend um die Elefantenjungen.

»Elefanten sind extrem sozial«, führte Charles näher aus. »Wenn ein Junges schläft, stellen sich alle anderen um es herum, damit die Sonne seine Haut nicht verbrennt. Sie ziehen erst dann weiter, wenn das Kleine von selbst aufwacht. Büffel halten ähnlich zusammen. Grasen die Weibchen, umrunden die Männchen sie wie ein lebendes Schutzschild.«

»Wer ist dein Schutzschild?«, fragte ich Charles am Abend, bevor wir in unsere Zelte krochen.

»Meine Familie«, antwortete er und erzählte stolz von seinen Kindern.

An diesem Abend legte ich mich mit der Frage schlafen, wer mir als Bollwerk diente. Die beängstigend kluge Schwester würde im Ernstfall Himmel und Hölle in Bewegung setzen, um mich nach Hause zu bringen. Sie hat einen Safe daheim und kann – im Gegensatz zu mir – keine Teilnehmer aus dem *Dschungelcamp* auswendig aufzählen; sie ist hochgradig qualifiziert für den Job. Aber sie war auch Tausende Kilometer Luftlinie entfernt.

Ich würde also auf mich selbst aufpassen müssen. Wie das Leopardenweibchen, das ich am Nachmittag gesehen hatte. Majestätisch thronte es hoch oben auf einem Felsen in der Sonne und schaute über das weite Land.

»Leoparden sind neben Krokodilen und Nashörnern die größten Einzelgänger in der Wildnis«, hatte Charles gesagt. »Sie treffen andere Leoparden nur zum Paaren.«

Ich fand die Idee faszinierend. Für andere mag der Alleingang einsam erscheinen, für mich klang er perfekt. Ich würde also in den kommenden Monaten eine Leopardin sein, die auf sich selbst aufpasst, aber auch tun und lassen kann, was sie will. Und die Schwester könnte der kümmernde Elefant sein. Rein biologisch ein schwieriges Verwandtschaftsverhältnis. Aber die Natur hatte schon viele großartige Allianzen ermöglicht.

Welche Versicherungen
machen Sinn?

Eine Krankenversicherung fürs Ausland ist meines Erachtens unabdingbar. Mein Tarif kam auf rund 1200 Euro für zwölf Monate. Ohne USA-Schutz wäre das Ganze billiger gewesen, aber die Amerikaner haben horrende Behandlungspreise – und Hawaii und San Francisco standen nun mal auf meiner Reiseliste. Insofern musste ich in den sauren Apfel beißen. Manche Abenteurer rechnen vor, es käme günstiger, Arztkosten im Ernstfall aus eigener Kasse zu bezahlen, als einen Jahresschutz abzuschließen. Aber da darf außer einer Schnittwunde nicht viel passieren, und das auch nur in günstigen Reiseländern wie Südostasien oder Afrika. Geht es in Nordamerika oder in Australien ins Krankenhaus – ich würde vor lauter Angst vorm Krankwerden krank werden.

Prinzipiell werden unzählige verschiedene Pakete angeboten, die mich bei der Recherche fast in den Wahnsinn getrieben haben. Am Ende schien mir das Modell »weltweiter Schutz«, »kein Selbstbehalt« und »hohe Haftpflicht-Deckungssumme« (falls ich unabsichtlich etwas demoliere) am vernünftigsten. Ge-

päckversicherung? Unnötig. Denn es wird ohnehin nur ein
Bruchteil von dem erstattet, was das Zeug wirklich gekostet hat.

....

Braucht's ein Testament –
ja oder nein?

Ich finde: Ja. Zumindest dann, wenn man seine Liebsten mag.
Ansonsten soll sich die Verwandtschaftsbrut ruhig um etwaige
Besitztümer raufen. Ich selbst besitze nichts von Erbinteresse.
Das Testament nötigte mich jedoch dazu, endlich meine Papiere
in Ordnung zu bringen. Ich heftete vom Mietvertrag bis zur Ga-
rantieurkunde für die Waschmaschine alles fein säuberlich für
die Nachwelt ab. War gar nicht so schrecklich. Und das Beste:
Sich bewusst zu machen, dass niemand das Leben überlebt,
macht Lust darauf, es erst recht in vollen Zügen zu genießen.

....

Wie handhabe ich
die Sache mit dem Geld?

Eine Kreditkarte und eine Girokarte zum Abheben von Bargeld gehören zur absoluten Basisausstattung. Unter Reisenden
wird die Karte der DKB, der Deutschen Kreditbank, heiß gehandelt, da sie spesenfreies Geldziehen in vielen Ländern der
Welt ermöglicht. Andere Banken bieten Travel Cards an, Giro-
karten, auf die man Guthaben zwischen 1000 Euro und 2000
Euro laden kann. Werden sie gestohlen, ist der Verlust überschaubar.

Ich selbst hatte mein Reisegeld auf einem gesonderten
Sparkonto gebunkert und alle paar Wochen rund 5000 Euro

online auf mein Girokonto überwiesen, sodass die Kreditkartenabrechnung gedeckt war und ich genug Bargeld zum Abheben für einen Monat hatte. Ich fühlte mich sicherer, nicht alles auf einem Konto zu haben. Man weiß ja nie.

Was auch wichtig sein könnte: Ein internationaler Führerschein. Den stellen Verkehrsclubs oder Bürgerämter aus. Ein Impfpass wird oft verlangt, wenn man aus Afrika kommt, einen solchen also am besten im Handgepäck mitführen. Wer unterwegs einen Tauchkurs machen will, kann daheim einen Lungenfunktionstest absolvieren, um zu sehen, wie fit das eigene Organ ist. So muss man nicht dubiosen Ärzten dubioser Tauchschulen vertrauen.

•••••••••••••••••

4

LOVE ME TINDER?
VON HAIEN UND MÄNNERN

Kapstadt, Südafrika
November
Zurückgelegte Distanz:
14 240 KILOMETER

Runter mit deiner Armbanduhr, weg mit der Designer-Sonnenbrille, und nach 18 Uhr gehst du nirgendwohin, außer per Taxi.« Keri, die Vermieterin meines Apartments, eine toughe PR-Managerin mit streng zurückgebundenen Haaren und ungefähr so alt wie ich, kam gleich zur Sache. Anstatt sich nach der Begrüßung in Small Talk zu verlieren, bläute sie mir lieber den Verhaltenskodex für Kapstadt ein.

»Aber wir sind hier im Zentrum, gleich um die Ecke vom Parlament, hier gibt's Videoüberwachung an jeder Ecke«, protestierte ich. »Das ist ein sicheres Viertel, deshalb habe ich mich ja hier eingemietet.«

»Du musst in Kapstadt immer wachsam sein«, beharrte Keri weiter. »Lass dir sagen: Ich bin in den vergangenen zehn

Jahren bereits dreimal ausgeraubt worden, auch in vermeintlich guten Gegenden.«

Dann überreichte sie mir die Schlüssel, wünschte mir einen wunderbaren Aufenthalt und ließ mich derart verunsichert zurück, dass ich abends nicht einmal den kleinen Zeh aus der Tür stecken wollte. Keine Ahnung, was ich erwartet hatte: dass mich schon am Eingang, vor dem wohlgemerkt vierundzwanzig Stunden lang zwei Doormen patrouillieren, jemand abfängt und verschleppt?

Kürzen wir die Sache ab: Nichts ist bisher passiert. Meine billige Armbanduhr liegt im Apartment, das Smartphone trage ich nicht in der Hand, und bei dubiosen Gestalten wechsle ich sicherheitshalber die Straßenseite. Kapstadt ist eine Stadt, in der man wieder lernt, auf seinen Instinkt zu hören und die Augen offen zu halten. Es ist ein fabelhaftes Plätzchen, um sich der Sache mit der Selbstverantwortung bewusst zu werden. Vielleicht bin ich naiv, vielleicht hatte ich bisher einfach nur Glück. Aber »Hände hoch, Geld her!« hat noch keiner zu mir gesagt. Stattdessen höre ich reihum: »Have a nice day, Miss!«

Mit jedem Tag fühle ich mich sicherer hier, erkunde stundenlang zu Fuß die Gegend. Und das, was ich bisher vom 25 Grad warmen Kapstadt sehen konnte, hat mich umgehauen – im positiven Sinn. Zwar ist die zweitgrößte Stadt Südafrikas nach wie vor damit beschäftigt, die Apartheid aus ihrem System zu verbannen. Und wer einmal eine zugige Wellblechhütte in den Townships von innen gesehen hat, der kann die Sache nicht so schnell vergessen. Aber Kapstadt ist vor allem eines: atemberaubend schön. Da ist zum Beispiel der saukalte Atlantik mit seinen weißen Stränden. Jeder Küstenabschnitt ein

Traum. Lediglich zur Clifton Beach 2 sollte man mit Normalfigur nicht gehen, dort tummeln sich zu viele hungrig aussehende Models. Dann der Tafelberg, ein oben abgeflachter Koloss, auf dem die Südafrikaner nach Feierabend gern mit einer Flasche Wein herumwandern. Der Botanische Garten Kirstenbosch! Der Hipster-Markt mit Livemusik, jeden Samstag in der Old Biscuit Mill! Die grellbunten Häuser im Viertel Bo-Kaap! Die Seelöwen, die heiser in den Buchten jauchzen! Die idyllischen Weingüter! Sogar die Victoria & Alfred Waterfront mag ich, obwohl der Hafen mit seinen pastellfarbenen Holzhäusern und das Einkaufszentrum nach holländischer Retorte aussehen. Es war goldrichtig, nach der Einöde Tansanias 5000 Kilometer südwärts zu fliegen und ins pulsierende Stadtleben einzutauchen.

Nur ein Problem habe ich hier: Ich muss abspecken. Mein Koffer ist für die Weiterreise in die USA zu schwer. Bald will ich nach San Francisco fliegen, und dann dürfen von den neunundzwanzig Kilo Startgewicht nur noch dreiundzwanzig übrig sein, ansonsten wird es teuer. »Vielleicht habe ich ja Glück und mir werden sechs Kilo geklaut«, habe ich neulich in meiner Ratlosigkeit zu Keri gesagt. Sie hat nur gelacht und gemeint: »Trenne dich lieber freiwillig von Ballast, meine Liebe.« Doch wie zum Teufel verliere ich sechs Kilo? Die Joggingschuhe zurücklassen, die ich seit Beginn meiner Weltreise kein einziges Mal benutzt habe? Klappt schon mal nicht. Die Treter haben orthopädische Einlagen, die waren teuer. Mein Beauty-Arsenal aussortieren? An dieser Stelle sollte ich erwähnen, dass ich mehr Kosmetika mitführe als J.Lo auf Tournee. Aber Hyaluron-Gesichtsmasken und meine Bio-Vanille-Bodylotion haben nun mal was Tröstendes für mich. Außerdem: In Kapstadt habe ich erstmals in meinem Leben die Dating-App »Tinder« auf meinem Handy installiert. Wenn ich mich schon auf den Single-Markt werfe, will ich nicht wie der letzte Mensch aussehen, sondern wie ein faltenfreier, top gepflegter Hyaluron-Vanillepudding.

Den Floh mit Tinder hatte mir übrigens eine Arbeitskollegin ins Ohr gesetzt. Zuerst war ich über ihren Vorschlag entsetzt gewesen. »Ich werde alleine unterwegs sein«, meinte ich. »Online tummeln sich zu viele Perverse und Psychopathen, zumindest unterstelle ich das den Männern insgeheim.« Doch Christiana ließ nicht locker. »Bei Tinder gibt es auch nette Typen.« Wie aus der Pistole geschossen zitierte sie drei Erfolgsgeschichten von drei Freundinnen. »Du hast dich lange genug verkrochen. Es wird Zeit, dass du wieder mehr unter Männer kommst.« Christianas Herz ist so groß wie ihr Mundwerk, man kann eigentlich nicht anders, als ihren Ratschlägen zu vertrauen. »Versprich mir, dass du die App nutzen wirst, ja? Jede neue Stadt bedeutet eine neue Liebeschance. Und sollte tatsächlich kein Mr. Right dabei sein, so musst du abends wenigstens nicht allein in Bars und Restaurants herumsitzen.«

Hmmm. Wo sie recht hatte, hatte sie recht. Insofern finden sich mittlerweile fünf Fotos von mir im Netz und folgender, flirtbefreiter Text:

Hi, ich komme aus Europa und befinde mich gerade auf Weltreise. Kapstadt ist mein zweiter Stopp, ich bin für drei Wochen hier. Was muss ich sehen? Was sind die Geheimtipps der Stadt? P. S. Bin nicht hier für One-Night-Stands, sorry.

Der Nachsatz sollte potenzielle Triebtäter abschrecken – mich aber auch vor mir selbst schützen. Meiner Mutter hatte ich versprochen, ich würde keine Dummheiten machen, schon gar nicht in Südafrika, wo 19 Prozent der Bevölkerung HIV-positiv sind. Das mit Tinder war keine schlechte Idee. Links am Bildschirm wischen: Nein, danke! Rechter Wisch: Ja, bitte! Die Herren wirken auf den Fotos geistig gesund, mein Psychopathen-Detektor ist bisher nicht angesprungen. Das trifft sogar auf den Model-Typen zu, der mich kurzerhand versetzt hat, nachdem wir uns verabredet hatten. »Ein Freund hatte einen Autounfall, ich muss ihm helfen, es tut mir so leid«, fabulierte er knapp vor dem Treffen in einer Textnachricht. Wer's glaubt. Aber wenigstens hatte er überhaupt abgesagt und mir noch drei Insider-Cafés verraten. Von einem anderen Tinder-Typen wusste ich, dass in zwei Tagen ein tolles Open-Air-Konzert im Kirstenbosch stattfinden würde. Optisch fiel er nicht in mein Beuteschema – ich scoute in der Alterskategorie fünfunddreißig bis fünfzig, idealerweise mit Bart, dunkelhaarig und größer als ich. Wenn man neu bei Tinder ist, passiert es schon mal, dass man jemanden aus Versehen anklickt. Ihm schien es ähnlich zu gehen, er pochte nicht darauf, mich persönlich kennenzulernen. Glück gehabt. Getroffen habe ich bisher Dirk, einen Juristen aus Wiesbaden, der in Kapstadt beruflich zu tun hat. Sechs Stunden plauderten wir über Gott, die Welt und warum Rauhaardackel cool sind. War nett. Und dann, tja, dann ist da noch Phil.

Phil hat mehr Haare auf dem Kopf und im Gesicht als eine südafrikanische Rugby-Mannschaft zusammen. Er selbst würde gern wie Brad Pitt aussehen, ein gewisser Hollywood-Bezug existiert auch – die Leute halten ihn jedoch regelmäßig für Zach Galifianakis, den kugelbauchigen, bärtigen Chaoten aus *Hangover*. (Meine Kapstadt-Variante hat übrigens keinen Kugelbauch.) Als wir uns nach fünf Tagen verbalem Schlagabtausch im Netz zum ersten Mal trafen, war es, als würden wir uns schon ewig kennen. Statt Handschlag gab es Küsschen links, Küsschen rechts. Kein holpriges »Und wie geht es dir so?«, kein peinlich berührtes Schweigen. Vor unserer Verabredung in der Bar des Kimberley Hotel hatte ich ihm geschrieben: »Achtung, solltest du ein perverser Frauenschlächter oder Axtmörder sein, ich habe einer Freundin deine Handynummer und dein Profilbild geschickt, du kommst nicht ungeschoren davon.« Phil meinte daraufhin nur: »Gut, dass du mir das sagst. Dann lass ich meine Axt heute mal daheim.« Ich wusste, wir hatten denselben Humor.

Obwohl Phil – ein waschechter Südafrikaner, britisch blasser Hautton und genauso alt wie ich – nicht 100 Prozent mein Typ war, mochte ich ihn sofort. Die wachen, lustigen Augen versprachen einen spannenden Abend. Innerhalb von zehn Minuten steckten wir in einer angeregten Diskussion über seine bibelfeste Familie (»Die beten jeden Tag«) und warum er mit achtundzwanzig mal kurz verheiratet war (seine Frau verliebte sich in einen gemeinsamen Freund, Phil war untröstlich und probierte sogar Paartherapie). Weiter lernte ich: Phil war vor Kurzem sein geliebtes Auto namens Archie geklaut worden. Mittlerweile war die Trauerphase aber abgeschlossen, er fuhr nun die alte Schrottkarre seines Onkels. Als studierter Soziologe war er auch Experte darin, mir die feinen Nuancen, in denen

Rassismus sich zeigen kann, zu erklären – und obendrein fühlte er sich für meine kulinarische Weiterbildung zuständig. Er hielt eine Brandrede auf Biltong, getrocknetes, lederartiges Fleisch, dem ich wenig abgewinnen konnte. Er empfahl mir Restaurants, in denen traditionelle südafrikanische Gerichte serviert werden. Gegrillter Springbock! Bobotie, ein herrlicher Hackbraten aus Lamm! Und Malva-Pudding, ein Drei-Millionen-Kalorien-Kuchen, der nach dem Backen mit Milch, Sahne, Butter und Zucker übergossen wird! Als er wie ein wild gewordener Esel kreischte und mich fragte: »Welches Tier ist das?«, schickte er mich zur Auflösung des Rätsels zu den frei lebenden Pinguinen an den Strandabschnitt Boulders Beach. Er selbst möchte in diesem Buch als »Phil, the best lover EVER« erwähnt werden. »Wenn dir best lover ever nicht gefällt: Phil, the greatest lover on earth geht auch.« Ich sage nur so viel: Als er bei unserem ersten Treffen irgendwann meine Hand in seine nahm, als wäre es das Selbstverständlichste auf der Welt, und sie nicht mehr losließ, leistete ich keinen Widerstand – und das, obwohl er ein T-Shirt mit dem fragwürdigen Aufdruck »Part Wolf« trug (durch die vielen Haare gibt es durchaus einen optischen Bezug).

Eigentlich wollte mich Phil zum Haitauchen begleiten, aber er musste unterrichten. Also bin ich allein nach Gansbaai gefahren, einen kleinen Küstenort zwei Stunden südöstlich von Kapstadt, an dem Weiße Haie das ganze Jahr über leben und jagen. Weltweit existieren laut Schätzungen noch zwischen 2000 und 5000 *Carcharodon carcharias,* in Gansbaai wird ihr Verhalten wissenschaftlich erforscht. Wie ich auf die hirnrissige Idee kam, mich für 200 US-Dollar zwanzig Minuten lang als lebender Köder in einen Tauchkäfig sperren zu lassen? Ich verbuche es mal unter Bestimmung. Bei meinen Streifzügen durch die Stadt hatte ich zufällig eine Werbebroschüre entdeckt. »Cage Diving with the Great Whites« stand da. Und nachdem Kapstadt sich als meine Mutproben-Destination zu entpuppen schien – ich gehe zu Fuß durch die kriminell verrufene Stadt und treffe mich mit wildfremden Männern –, dachte ich, ich mache das mit der Trauma-Bewältigung gleich mit.

Seit ich denken kann, habe ich panische Angst vor dem Raubfisch, genauer gesagt vor jener Version, die in *Der weiße Hai* gezeigt wird. Wenn man als Kind unbeaufsichtigt vor dem Fernseher sitzt und plötzlich nur noch spitze Zähne, spritzendes Wasser und Blutfontänen sieht, kann das schon mal passieren.

Also rein ins schaukelnde Boot, das Platz für gut zwanzig Passagiere bot, und raus aufs Meer. Wie die wohlgenährte Version von Catwoman lehnte ich in einem knallengen Neoprenanzug an der Reling, während die Crew eimerweise Fischblut ins Meer kippte. »Wir füttern die Haie nicht, wir locken sie mit dem Blut lediglich auf unsere Fährte, das ist ein wichtiger Unterschied«, erklärte der raubeinige Skipper, der zusätzlich eine Holzattrappe auswarf, die von unten wie eine Robbe aussehen sollte. Doch nicht nur der falsche Köder und das Fischblut landeten im Meer. »Booooooaar«, tönte es in diesem Moment hinter mir, gefolgt von einem »Platsch!«. Ein mitreisender Passagier, ein junger Inder, erbrach lauthals sein Frühstück. Rührei und Fruchtsalat, alles für die Katz, nein, für den Fisch. Und mit jeder Welle und jeder Windböe kam mehr aus ihm heraus. Ich selbst werde schnell seekrank, weshalb ich mich vorsorglich mit einer Überdosis Ingwerkapseln und Reisekaugummi präpariert hatte. Ich fühlte mich sicher. Ich hatte ja keine Ahnung. Es war, als hätte der Inder den Startschuss zu einer Epidemie gegeben. Noch bevor wir auf hoher See ankerten, waren zehn der achtzehn Passagiere grün im Gesicht und nuckelten an süßen Lollis. Der Skipper meinte, das mit den Lollis würde helfen. Die Mitreisenden betrachtend, war ich mir da nicht so sicher.

Als ich schließlich an der Reihe war, um in den seitlich am Boot befestigten Käfig zu steigen, begann auch mein Nebenmann zu spucken. Na toll. Da stand ich also, mit vier weiteren Hai-Tauchwilligen, das Wasser bis zum Hals, nur mein Kopf ragte noch heraus. In dieser Position sollten wir im eiskalten Atlantik verharren, bis der Hai sich näherte und der Skipper das Zeichen gab, unterzutauchen.

»Schiebt das Erbrochene einfach von euch weg«, hieß es, als der Nebenmann weiter würgte. Mein Neoprenanzug roch beißend säuerlich, an meiner Nase schwamm Ei mit Gallensaft vorbei.

Fünf Minuten vergingen. Warten auf die Filmbestie. Die Wellen drückten meine Füße immer wieder durch die Käfiggitter. »Versucht eure Gliedmaßen in sicherem Abstand zu den Eisenstangen zu halten. Ich will euch ohne abgebissene Extremitäten wieder an Bord hieven«, instruierte der Skipper weiter. Die Frau rechts neben mir wimmerte ängstlich.

»Willst du raus?«, fragte ich. Sie schüttelte den Kopf. Ihre Augen sagten etwas anderes. Irgendwann flüsterte sie: »Was, wenn ich jetzt meine Periode kriege?« Interessante Frage. Ich erinnerte mich dunkel, gelesen zu haben, dass Menschenblut für Haie nicht attraktiv ist, sagte aber nichts.

Dann erfolgte der Alarm: »Hai kommt!« Erst erblickte ich nichts. Plötzlich, für Sekunden, eine Rückenflosse, die aus dem Wasser ragte und auf uns zusteuerte. »Untertauchen!«, brüllte der Skipper. Augenblicklich wurde es still. Unter Wasser lief alles wie in Zeitlupe ab. Auf einmal sah ich: die Kiemen. Die schwarzen Augen. Die graue Haut. Die Flossen. Aber kein weit aufgerissenes Maul. Keine messerscharfen Zahnreihen. Keine Blutfontänen. Stattdessen: vier Meter pure Eleganz und aerodynamisch geformte Schönheit. Ich tauchte auf, schnappte nach Luft. »Hai kommt zurück! Schnell!« Es rumpelte im Käfig, die große Schwanzflosse krachte gegen die Gitter. »Er spielt mit euch!«, lachte der Skipper. Wahrscheinlich hatte er recht. Haie jagen sowieso nur in der Dämmerung und dann auch lieber Robben.

Als ich wieder ins Boot kletterte, fiel all meine Aufregung von mir ab. Das zähnefletschende Monster meiner Kindheit hatte mich nicht gefressen. Im Gegenteil. Warum sollte sich dieser elegante Fisch überhaupt seekranke Menschen in Neopren zwischen die Kiemen schieben? Da fände sich im Meer weitaus Schmackhafteres ... Tja, über dreißig Jahre lang umsonst Sorgen gemacht. Ich lehnte mich zurück, sah aufs Meer, und mit einem Schlag kippte die Stimmung. Mir wurde sensationell übel. So übel wie schon lange nicht. Keine Millisekunde später spritzte der Inhalt meines Magens aufs Deck (sorry, Skipper!) und über die Reling. Einmal. Zweimal. Dreimal. Die Ingwerkapseln und der Reisekaugummi hatten ihre Wirkung verloren. Viermal. Fünfmal. So viel hatte ich doch gar nicht gefrühstückt?

Der Rest ist ein verschwommenes Nichts. Ich erinnere mich einzig daran, dass wir eine Stunde später im Hafen andockten und ich nur noch schlafen oder sterben wollte, je nachdem, was zuerst eintrat. In diesem Moment erreichte mich eine Textnachricht von Phil.

»Na, Hai überlebt?«

»Der Fisch war nicht das Problem«, hackte ich in die Tasten und schickte ein krankes Smiley mit Mundschutz hinterher.

»Details! Komm nachher zu mir, ich mache uns was zu essen«, lautete Phils Antwort.

»Glaube mir, die Details willst du nicht hören. Und an Essen kann ich nicht mal denken.«

Dann schaltete sich mein Handy von selbst aus, leerer Akku. Vergleichbar mit meinem eigenen Zustand. Einer der letzten Gedanken vorm Eindösen auf der Heimfahrt war: Ich mag zwar gepäcktechnisch noch keine sechs Kilo verloren haben, aber körperlich muss mindestens die Hälfte meines Gewichts weg sein. (Habe ich schon erwähnt, dass ich einen Hang zum Drama habe?) Vielleicht lässt British Airways das auf meinem Weiterflug in die USA ja gelten ...

Reden wir übers GEPÄCK

Koffer oder Rucksack?

Ich bin Team Koffer. Vier Rollen, Hartschale, Klappe zu. Für Rucksäcke habe ich zu viel Chaos im Kopf, außerdem bin ich keine Trekkerin. Der Koffer ist packtechnisch übersichtlicher und kann als Sitzgelegenheit, Zimmersafe oder Couchtisch missbraucht werden, außerdem ist er leichter am Flughafen einzuchecken. Mit einem Rucksack kommt man überall hin, sofern der Rücken es mitmacht, und als Kopfkissen im Reisebus ist das Teil auch gut. Aber wer schnell etwas aus dem Gepäck fischen will, steht auf verlorenem Posten, trotz praktischer Seitenreißverschlüsse. Letztlich ist es eine Komfort- und Imagefrage: unflexible Tussi versus abenteuerlustiger Freigeist. Ich kann mit Tussi leben.

....

Hilfe,
wie stopfe ich das alles da rein?

Was smartes Weltreise-Gepäck betrifft, bin ich nicht die beste Auskunftsperson, schließlich bin ich an der Dreiundzwanzig-Kilo-Hürde der Fluglinien mehrfach gescheitert. Aber ein bisschen habe ich doch gelernt:

Regel 1: Je leichter das Gepäckstück, desto eher darf die zweite Handtasche mit. (Fürs Protokoll: Keiner braucht zwei Handtaschen, wenn er auf Weltreise geht, aber das versteht man beim Packen noch nicht.) Ich bin mit einem Achtundneunzig-Liter-Samsonite Chronolite Spinner gereist; das Teil hatte null Innenleben, also keine schweren Trennwände oder Fächer, und wog leer fliegengewichtige drei Kilo.

Regel 2: Vakuumbags schützen vor Wahnsinn. Man muss sie sich wie Vakuumbeutel für Fleisch vorstellen. Kleidung reingeben, verschließen, danach kniet man sich drauf, um die Luft durch feine Öffnungen entweichen zu lassen. Voilà, schon sind die Klamotten auf die Hälfte ihres Volumens geschrumpft, und die Bags lassen sich obendrein gut schichten. Weniger Gewicht erzielt man so leider trotzdem nicht. Aber durch die Beutel – meine waren von Eagle Creek und ihren Wucherpreis wert – herrscht eine gewisse Ordnung im Gepäck: Ich hatte einen für Unterwäsche, einen für Kleider, einen für Shirts, einen für Strandkleidung ... Zudem fängt die Kleidung selbst bei hoher Luftfeuchtigkeit nicht modrig zu riechen an, sofern der Beutel geschlossen bleibt.

Regel 3: Einfarbige und knitterfreie Klamotten mitzunehmen ist am klügsten. Am besten in Dunkelblau, Schwarz und Weiß. Damit kann man auch abends ausgehen, ohne unangenehm aufzufallen. Khakifarbene Multifunktionskleidung kam mir nicht ins Gepäck. Ich wollte wie ich aussehen und nicht wie ein Profi-Tourist.

• • • • • • • • • • • • • • • • •

VIER LEBENSRETTER IM HANDGEPÄCK

✓ **Der »Ich kann alles«-Schal**
Breit, lang, waschbar und in einer fleckenverzeihenden Farbe sollte er sein. Kann als Sarong, Augenmaske, Turban, Tragetuch, Handtuch, Sonnenschutz, Flugzeugpolster, Kuscheldecke, Kirchen- und Tempel-Schulterschutz oder Halsschmeichler missbraucht werden, um nur einige Einsatzgebiete zu nennen.

✓ **Der »Tür- und Tor-Öffner«-Kugelschreiber**
Kaum einer denkt dran, dabei wird er für Einreiseformulare, Restaurantempfehlungen oder sonstige Notizen gebraucht. Mit einem Kugelschreiber fangen oft die großartigsten Geschichten an.

✓ **Der externe »Alles im Griff«-Reise-Akku**
Sorgt dafür, dass die Musik nie ausgeht und man beim Einchecken nicht mit saftlosem Handy – und damit ohne digitalen Boarding Pass – dasteht. Zumindest, sofern das Ding aufgeladen ist.

✓ **Digitale Kofferwaage**
Kein Kommentar. Halten wir fest: Ich habe sie gebraucht. Auch für die vielen Souvenirs, die ich per Post nach Hause geschickt habe.

DREI VÖLLIG UNNÖTIGE GEPÄCKSTÜCKE

X **Handtücher**
Sollte die Unterkunft keine stellen (passiert so gut wie nie), kann man noch immer welche kaufen oder sich mit dem Strandtuch abtrocknen.

X **Reiseführer**
Wenn es keine E-Book-Varianten gibt, einfach die wichtigsten Seiten mit dem Handy abfotografieren. Oder am Computer vorab Reise-Links zusammenstellen. Spart massiv Gewicht. Viele Unterkünfte horten zudem zurückgelassene Bücher von anderen Reisenden.

X **Armbanduhr**
Die Zeit erfährt man auch vom Handy-Display oder – noch besser – von netten Leuten auf der Straße. Außerdem geht's beim Weltreisen ohnehin darum, die Taktung zu vergessen.

Klinik unter Palmen:
die Reiseapotheke
Meine Reiseapotheke bestand aus zwei Teilen: einem Täschchen mit Verbandszeug, Jod, Desinfektionsspray, feiner Pinzette und Wundpuder. (Auf den Profi-Wundkleber, zu dem mir eine befreundete Ärztin geraten hatte, verzichtete ich. Das Zeug war abartig teuer, und außerdem: Ich könnte ohnehin

keine Wunde kleben, ich würde vorher umkippen.) Die Arzneien wiederum – vom Reisekaugummi bis zu den Durchfalltabletten – habe ich zum Schutz vor Luftfeuchtigkeit in eine Tupperbox gesteckt. Die Verpackungen warf ich weg, ich hüllte die Pillen in ihre Beipackzettel.

Fragen wie Malaria-Prophylaxe: ja oder nein? sind am besten mit einem Reisemediziner zu klären. Für mich war noch wichtig, in Sachen »Frauenleiden« Selbstversorgerin zu sein. Eine Blasenentzündung oder Pilzinfektion bekommt man unterwegs schnell, Zäpfchen und Trinkpulver verklumpen allerdings in warm-feuchten Klimazonen gern. Auch eine Anti-Pilz-Creme hat bei Hitze ihre Tücken. Einfach den Arzt nach Heilmitteln in Tablettenform fragen, die eignen sich am besten. Last but not least: Tampons erhält man in Ländern wie Tansania oder Indien nur schwer. Hier zahlt sich Horten aus. Oder man setzt auf die Menstruationstasse. Für mich war das Ding nichts, andere schwören drauf.

. . . .

5

FALSCHE ERWARTUNGEN UND EXISTENZÄNGSTE

San Francisco, USA
Dezember
Zurückgelegte Distanz:
30 744 KILOMETER

Ich mag San Francisco nicht. Ich dachte, ich werde es mögen. Aber ich fürchte, das mit mir und der Stadt, das wird nichts mehr. Wobei, bevor ich alles schlechtrede: Die Abneigung hat auch was Gutes.

Seit ich und mein teuer bezahltes Übergepäck (nein, ich will nicht darüber reden) vor gut zwei Wochen hier angekommen sind, ist nichts wirklich rund gelaufen. Ich war traurig. Ich war wütend. Ich habe gefroren. Von 20 Grad Celsius auf fünf Grad Celsius, der Temperaturunterschied zu Kapstadt war brutal. *What the fuck happened to sunny California?!* Ich habe auf der Straße sogar ein kleines Mädchen angefaucht, nur weil es mir kurz im Weg stand. Danach bin ich den ganzen Tag nicht mehr raus. War besser so, nicht nur wegen der armen Kinder.

Dabei hatte ich mich so sehr auf diesen Stopp gefreut. San Francisco, das war für mich viktorianische Giebelhäuser, *flowers in your hair*, Al Capone, Alcatraz und steile Straßenzüge, hinter denen filmreif die Sonne untergeht. Ich habe mich immer magisch angezogen gefühlt von dieser Stadt, obwohl ich sie nur als kleinen Punkt auf der Weltkarte kannte. Als ich mit achtzehn beschloss, ein Jahr als Au-pair-Mädchen in die USA zu gehen, war klar: Hier muss ich hin. Dummerweise ging die Vermittlungsagentur, die hoch und heilig versprochen hatte, mir eine Stelle in San Francisco zu besorgen, vor meiner Abreise bankrott. Was zur Folge hatte, dass ich in letzter Minute über private Kontakte bei einer Großfamilie an der Ostküste, in New Jersey, landete.

Zwanzig Jahre und viele Träume später hatte mich das Flugzeug nun also an der »richtigen« Küste ausgespuckt. Und anstatt zu jubilieren, wollte ich erst mal losheulen. Was heißt *wollte?* Nach der Ankunft war ich quasi ständig in Tränen aufgelöst, und das hatte nicht nur mit dem Jetlag oder dem Vermissen meines Kapstädter Herzbuben Phil zu tun. (Schon erstaunlich, wie schnell man sich daran gewöhnen kann, dass jemand zum Anlehnen da ist.) Ich glaube, am schlimmsten hat mir die Unterkunft zugesetzt. Von außen ein entzückendes Giebelhaus. Von innen eine Katastrophe. »Vierköpfige Familie vermietet charmantes Studio-Apartment im Erdgeschoss mit eigenem Eingang.« So lautete die Anzeige. Die Bewertungen auf Airbnb lasen sich gut. Das, was ich vorfand, war alles andere als das. Der beigefarbene Teppichboden: schmutzig. Auf dem Kissenbezug: kleine Blutflecken. Die Luft: kalt und abgestanden. Es gab keine Heizung, nur ein kleines, schepperndes Strahlergerät. Und weil ein Waschbecken fehlte, musste ich mir über der Küchenspüle die Zähne putzen. Umgerechnet 1800 Euro verlangten die Vermieter für fünf Wochen, die Summe wurde gleich bei der Reservierung von meiner Kreditkarte abgebucht. Bei Airbnb-Unterkünften, die über dreißig Tage am Stück gemietet werden, sieht's in Sachen Stornierung und Geld-zurück-Garantie schlecht aus. Wenigstens hatte man mir auf meine Beschwerde hin frische Bettwäsche und ein neues Heizgerät zugestanden. Zum Wohlfühlen reichte es nicht. Schon in der ersten Nacht lag ich bis drei wach, um online nach Alternativen zu suchen. Wohnungsanzeige für Wohnungsanzeige habe ich durchforstet. Ich fand für 3000 Euro ein Apartment im Castro-Viertel, das, realistisch betrachtet, auch nicht viel besser als meine aktuelle Bleibe war. 3900 Euro für fünfunddreißig Quadratmeter in Haight-Ashbury. 1200 Euro für ein Stockbett (!) in einer Programmierer-WG ... Irgendwann klappte ich den Laptop zu und musste den Tatsachen ins Auge sehen: Du kommst hier nur raus, indem du eine Bank oder Facebook-Gründer Mark Zuckerberg ausraubst. Mark Zuckerberg residiert laut lokalen Zeitungsberichten übrigens am Liberty Hill in der Nähe des Dolores Park. Her mit der Strumpfmaske!

»Das ist San Francisco«, sagen Einheimische phlegmatisch, wenn man die Mietpreise anspricht. »Wir sind zur teuersten Stadt der USA mutiert. Die Silicon-Valley-Typen wollen nicht mehr in Palo Alto versauern, sie ziehen zu uns und treiben die Preise hoch. In San Francisco gibt es einfach mehr Kulturangebot.«

»Können die ihre Millionen nicht ins Silicon Valley investieren und sich eigene Kinos und Einkaufszentren bauen?«

Auf diese Frage wird dann meistens nur gelacht.

Mir selbst war das Lachen schon in den ersten Tagen vergangen. Dass ich für 1800 Euro Miete nicht einmal die Waschmaschine in der Garage mitbenutzen durfte, ließ mich fast wahnsinnig werden. In der benachbarten Münzwäscherei kamen meine Klamotten voller ekelhafter Hundehaare aus der Trommel, fluchend habe ich sie in der Küchenspüle nochmals gewaschen. Obendrein machte ich mir plötzlich ständig Sorgen ums Geld. Mir war von vornherein klar, dass dieser Stopp nicht ganz billig werden würde. Ich kenne die USA, aber San Francisco ist schlimmer als New York oder Miami, die Scheine fliegen einem hier förmlich aus der Hand. Kaum aus der Haustür, sind schon wieder 20 Dollar futsch – dabei hat man nur eine Flasche Wasser und einen Chicken Taco in einer abgeranzten Taqueria im spanischsprachigen Mission District gekauft.

Ab Tag drei stellte ich alles in Frage. War ich überhaupt dafür gemacht, mir die Welt anzuschauen, wenn mich bereits die erste suboptimale Unterkunft aus der Bahn warf? Warum bekam ich so schnell Nervenflattern? Dass etwas teurer als geplant war, würde mir auf dieser Reise noch öfter passieren. Und wieso zum Teufel war ich plötzlich so dünnhäutig? Hmmm. Erst wollte ich es darauf schieben, dass ich mich wie ein Fremdkörper fühlte. Der ganze Vibe dieser Stadt scheint nicht zu einer Weltreise zu passen. Jeder in San Francisco schien auf Networking und Karriere-Optimierung aus zu sein, die Hippies sind vorausschauend mit der ersten Dotcomwelle abgehauen. Zurück blieben CEOs. CFOs. Vice Presidents. Und wer keinen Titel hat, bastelt zumindest an einem »genialen Start-up« und sagt auffällig oft affirmative Sätze wie: »Das wird richtig groß.«

Ich für meinen Teil fühlte mich schnell klein und gab nur noch widerwillig zu Protokoll, dass ich gerade eine Auszeit nehme. Weil Auszeit in San Francisco nach Loser und nach vermurkster Existenz riecht. Aber wenn ich mein Selbstmitleid ausblende, muss ich zugeben, dass nicht die Tech-Großfürsten das Problem sind. Ich bin es. Ich habe mir San Francisco selbst vermiest. Und das alles nur, weil der Traum vom Westküsten-Idyll geplatzt ist. Meine Erwartungen an die Stadt waren einfach zu hoch. »Mein« San Francisco – so wie ich es mir über die Jahre erträumt habe – gibt es nicht. Das gab es nie. Da könnte ich noch so bocken und fluchen. Obendrein war ich in die schlimmste Reisefalle getappt, in die man tappen konnte: Ich hatte begonnen zu vergleichen. Und ich hatte keine Ahnung, wie ich aus diesem Schlamassel wieder rauskommen würde, ohne Gehirnwäsche oder Lobotomie (googeln Sie das mal!).

»Schau doch, diese Aussicht! Traumhaft schön! Ich kann bereits den Pazifik sehen!«, hat Tina bei unserer vierstündigen Wanderung von Sausalito zum Muir Beach gejuchzt und die verwachsene Hügellandschaft samt glitzerndem Blau am Horizont fotografiert. Tina ist eine gute Freundin, eine toughe Vierzigjährige mit verwegenem Sidecut, die in New York City lebt und dort eine eigene Firma für hochkarätige Mode- und Werbeproduktionen betreibt. Als sie hörte, dass ich todunglücklich in San Francisco festhänge, hatte sie sich spontan mitsamt ihren beiden Jack-Russell-Terriern Rio und Paula in den Flieger gesetzt, um mich zu besuchen. Nicht nur dafür verdient sie den Friedensnobelpreis.

»Na ja, so schön finde ich es auch wieder nicht. Alles braun und vertrocknet hier«, grummelte ich.

»Die haben in Kalifornien eine Dürreperiode, du Dolm«, wies Tina mich zurecht. »Aber riech mal, wie wunderbar die Luft ist, kein Mensch weit und breit. San Francisco hat tolle Naherholungsgebiete.«

»Ich habe Besseres gesehen«, brummte ich, und vor meinem geistigen Auge taten sich die weiten Savannen Tansanias und die grünen Hügel von Cape Point auf ...

Zack, da war es wieder, mein Problem: Ich legte alles auf die Waagschale, um danach ein Urteil zu fällen, das selten zugunsten von San Francisco ausging.

Die regenbogenfarbenen Fußgängerüberwege im Schwulenviertel Castro? Nette Idee, aber wenn man schon Farbe bekennen will, sollten sich die bunten Streifen dann nicht auf allen Straßenkreuzungen wiederfinden?

Die Hafenmeile? Perfekt für kulinarisch verrohte Touristen, die mit Vorliebe dreifach frittierte Shrimps essen.

Die legendäre Gefängnisinsel Alcatraz? Interessant, aber Robben Island in Kapstadt fand ich authentischer.

Hilfe. Ich war der Grinch, ich erkannte mich selbst nicht mehr. Ich musste die Reißleine ziehen. JETZT.

»Wirst du von der Golden Gate Bridge springen und dich San Francisco geschlagen geben?«, hat Andy mich grinsend gefragt, als ich verkündete, ich hätte Neuigkeiten.

Andy – rockige Lederjacke, zurückgelegte Haare, auffällig symmetrisches Gesicht – war eine Tinder-Bekanntschaft, und er war einer, der mich verstand. Er selbst stammte aus Boston und konnte sich trotz Vollzeit-Job kein vernünftiges 1-Bedroom-Apartment leisten. Also lebte er mit einem Kumpel in ei-

ner WG wie rund 30 Prozent aller Achtzehn- bis Neununddrei-
ßigjährigen in der Bay Area. »Nein, kein Selbstmord, Andy«, beruhigte ich ihn. Wir saßen zusammen in einer Bar. »Aber wo wir schon beim Thema
sind: Ich verstehe nicht, warum Lebensmüde aus aller Welt
hierherpilgern. Die Golden Gate Bridge ist doch komplett vi-
deoüberwacht, alle paar Meter finden sich Krisentelefone und
›Tu's nicht!‹-Warnschilder.«

»Trotzdem schafft es eine Person pro Woche, von der Brü-
cke in den Tod zu springen«, warf Andy ein. »Kennst du *The
Bridge* von Regisseur Eric Steel? Die Doku basiert auf Videoma-
terial der Brückenverwaltung und zeigt, dass die meisten Selbst-
mörder am helllichten Tag und somit vor Publikum springen.
Die vielen Passanten verstehen den Ernst der Lage nicht, sie
denken, da macht sich einer einen Spaß. Dabei müssten sie nur
die Augen offen halten. Die Kandidaten weinen meist oder laufen unruhig auf und ab, bevor sie über das Geländer klettern.«

»Nochmals, mein Lieber: Selbstmord steht bei mir nicht an«,
beendete ich das traurige Thema. »Aber: Ich werde umziehen.«

Ta-taa. Jetzt war die Katze aus dem Sack.

»Haust du ab nach Mexiko, in die Sonne? Das wird auch
nicht wirklich billiger. Im Dezember herrscht an der Baja California Hochsaison.«

»Nein, ich bleibe in San Francisco. Ich gebe mir und dieser
Stadt eine letzte Chance. Ich habe eine Unterkunft in der Nähe
vom Union Square gefunden.«

»Stadtzentrum. Toplage. Nicht schlecht.« Andy stieß einen anerkennenden Pfiff aus. »Was kostet dich der Spaß?«

Das war sie, die Frage, die ich gefürchtet hatte.

»Für die verbleibenden neunzehn Tage zahle ich 2500 Dollar«, sagte ich und zuckte innerlich zusammen. Laut ausgesprochen wirkte die Summe fast noch obszöner. »Aber die Wohnung hat ein eigenes Bad, und es gibt im Haus sogar einen Wäscheraum mit Trockner, den ich benutzen darf.« Ich klang, als müsste ich mich selbst überzeugen.

»Woher nimmst du das Geld?«

»Ich nehme es mir einfach.«

»Fehlt es dir dann nicht an anderer Stelle? Kannst du dir das leisten?«

Mist, warum musste der Kerl so verdammt vernünftig und vorausschauend sein?

»Ich weiß es nicht, Andy«, gab ich zähneknirschend zu. »Es reißt auf jeden Fall ein fettes Loch in meine Reisekasse. Aber ich hoffe, ich kann die Kosten später in Südostasien wieder einsparen, dort sind Unterkünfte und Lebenskosten günstiger. Ich muss das jetzt tun. Ich kann nicht weiter in diesem Loch hausen und mich schlecht fühlen.«

»Na dann, auf dich und deinen Neustart!«, prostete Andy mir zu.

An den Rest des Abends kann ich mich nur bruchstückhaft erinnern. Filmriss. Ich glaube, wir haben versucht, die Bar leer zu trinken. Irgendwann wurde mir schlecht, und Andy ging es auch schon mal besser.

Aber trotz des Hangovers, der mich nach wie vor quält, wage ich zu behaupten: Die panische Plünderung der Reisekasse war wichtig und richtig. Seit zwei Tagen bin ich in der neuen Bleibe und fühle mich wie ausgewechselt. Endlich kann ich durchschlafen, keine lärmende und dauergestresste Familie lebt über mir, und ich habe kein schlechtes Gewissen, dass ich im Gegensatz zu ihnen nicht um sieben Uhr morgens aus dem Haus muss. Mich ekelt es nicht, wenn ich duschen muss. Und anstatt einer fettverschmierten, klapprigen Mikrowelle bin ich stolze Besitzerin eines Gasherds. Mit vier Kochplatten! Jetzt gibt's warmen Hirsebrei zum Frühstück.

Täglich erwandere ich mir die neue Nachbarschaft. Ich habe mich bereits fasziniert in den bunten Gemüsemärkten und Bling-Bling-Geschäften in Chinatown verloren. San Francisco beherbergt die größte asiatische Community an der Westküste, 33 Prozent der Bewohner haben asiatische Wurzeln, sogar der amtierende Bürgermeister ist ein Chinese. Und morgen statte ich dem Audium, dem weltweit einzigen Klangkunst-Theater, einen Besuch ab. Seit 1967 ist die fensterlose Location mit ihren nur neunundvierzig Sitzplätzen in Betrieb, doch von der hiesigen Bevölkerung ist sie größtenteils längst vergessen. Jeden Freitag- und Samstagabend gehen die 176 von der Decke hängenden Lautsprecher in Betrieb. Den Tipp hat mir die freundliche Besitzerin eines kleinen Delis gegeben. »Du sitzt in einem komplett dunklen Raum und hörst Wassertropfen, Schritte, Tiergeschrei, Wind, Regen ... Irgendwann weißt du nicht mehr, wo du bist, und dein Gehirn dreht sich aus den vielen unterschiedlichen Tönen einen eigenen Film. Es ist, als würde deine Fantasie wie von Zauberhand angekurbelt werden.« Hirnfutter kann ich brauchen.

Was ich eigentlich sagen will: Auch wenn San Francisco und ich nicht die besten Freunde werden, ich bin froh, dass mich die Stadt nicht mit offenen Armen oder einem hygienisch einwandfreien Teppichboden empfangen hat. Letztlich hatte sie genau deshalb wichtige Lektionen parat:

1. Hohe Erwartungshaltung = hohes Enttäuschungspotenzial. Das habe ich mittlerweile begriffen. Für Hawaii, meinen nächsten Stopp, schlage ich mir die fixe Idee von scharfen Surfern, dauerlächelnden Hula-Tänzerinnen und Delfinen, die durch Regenbögen springen, gleich mal aus dem Kopf.

2. Vergleichen ist tabu, egal wie abgeklärt und reiseerfahren man sein mag. San Francisco hat nicht den Zauber von Kapstadt, aber die Stadt ist auf ihre eigene Weise einzigartig. Man muss die Einzigartigkeit nur sehen wollen. (Und ja, ich schaue bereits aufmerksam hin.)

3. Als Alleinreisende hat man, wie sonst auch im Leben, genau zwei Möglichkeiten: Man kann liegen bleiben. Oder aufstehen. Keiner wird einen aus dem Depri-Sumpf ziehen – außer man tut es selbst. Das ist erst mal nervig. Warum muss man permanent stark sein? Warum ist das Universum so gemein? Aber das Ganze verleiht einem auch Macht. »Ich mach mir die Welt, wie sie mir gefällt.« Pippi Langstrumpf hatte schon recht mit dem Satz. Für meine Welt, so viel weiß ich inzwischen, brauche ich saubere Bettwäsche und ein gemütliches Nest, in das ich mich zurückziehen kann, um die vielen Eindrücke, die täglich auf mich einprasseln, zu verarbeiten. Das ist psychohygienisch wichtig. Und nur so schreie ich keine kleinen Kinder grundlos an.

2500 verlorene Dollar sind nicht das Ende der Welt. Für mich sind sie der Anfang. Insofern: Danke, San Francisco. Ich mag dich noch immer nicht hundertprozentig. Aber zumindest mag ich mich selbst wieder.

••

Reden wir über:
REISEFRUST

Welche Liste gegen
»Ich schmeiß alles hin«-Krisen hilft

Der erste Reisefrust kommt so sicher wie das »Bitte anschnallen«-Zeichen im Flieger. Busse sind voll, das Wetter ist mies, man wird geneppt oder findet eine Destination nur mäßig toll. Sich schmollend ins Bett zurückziehen, warum nicht? Zu Hause rennt man ja auch nicht nonstop wie ein Duracell-Hase herum. Danach hilft die Wish-List, um wieder auf die Beine zu kommen. Eine Aufstellung an kleinen, großen und verrückten Träumen, die man sich auf diesem Trip erfüllen will. Meine Liste habe ich vor dem Start der Reise verfasst und bin dabei allein meinem Bauchgefühl und der Sehnsucht nach Abenteuer gefolgt. Auf ihr stehen Dinge wie ...

... wieder zum Reiten gehen (Liebe Eltern, wenn ich das nächste Mal pubertiere und die Reitstunden hinschmeißen will, sperrt mich bitte in eine Gummizelle oder in den Stall ein.)
... einen Goldschmiedekurs machen.
... Schildkröteneier retten.
... die indische Totenstadt Varanasi sehen.

... die Nacht durchtanzen (habe ich mit siebzehn zum letzten Mal gemacht).

... Meditieren lernen.

... in elf Monaten mindestens elf Sonnenaufgänge sehen.

... an der Copacabana joggen.

... ins Meer hinausschwimmen, zumindest zwanzig Meter. (Ich bin ein Schisser, was offene Gewässer mit Lebend-Fischbestand betrifft.)

... für einen Fremden im Restaurant heimlich die Rechnung begleichen und beobachten, wie er sich freut.

... ein Rockkonzert in jeder Stadt besuchen.

... eine Flaschenpost verfassen und ins Meer werfen.

... täglich ein Selfie knipsen und feststellen, welche Veränderung im Gesicht und in den Augen passiert.

Der Rest ist privat und auch ein bisschen peinlich. Beim San-Francisco-Frust hat übrigens auch der Punkt »Jeden Tag etwas essen, das der Gaumen noch nicht kennt« geholfen. Meine zweite Unterkunft lag direkt neben China Town, also suchte ich dort jeden Tag nach neuen Geschmacksabenteuern. Komisch gefüllte Dim Sum. Aal, der eingewickelt in Teeblätter geräuchert wird. Das habe ich jetzt abgehakt. Die nächste Krise kann kommen. Meine Wish-List ist insgesamt achtundfünfzig Punkte lang.

••••••••••••••••

Was tun gegen finanzielle Ängste?

Da hilft nur: Geld ausgeben, so paradox das klingt. Denn in der Ecke zu sitzen und darüber zu grübeln, wie man jeden Cent dreimal umdrehen kann, verursacht nur mehr Angst. Sich zum

Beispiel ein Ticket fürs Museum zu kaufen tut's mitunter. Hauptsache, man gelangt aus seiner Negativspirale und das Ausgeben wird wieder positiv aufgeladen. Mit frisch durchlüftetem Kopf erkennt man, dass man bei Geldproblemen Möglichkeiten hat. Diese drei zum Beispiel:

1. **Sparen.** Aber bitte nicht am Essen oder am Spaß. Lieber mal das günstige Busticket mit den unmöglichen Abfahrtszeiten nehmen oder die Unterkunft mit Gemeinschaftsbad. Für kurze Zeit hält man das aus.

2. **Extra-Geld beschaffen.** Ich habe unterwegs meinen Steuerausgleich per E-Antrag beim Finanzamt eingereicht. Danke an dieser Stelle an die beängstigend kluge Schwester, die kann so etwas blind. Die Rückzahlung fettete die Reisekasse um ein paar hundert Euro auf. Ein Backpacker berichtete mir, dass er Reisebilder bei sechs Stock-Foto-Agenturen zum Verkauf anbietet. Pro Online-Agentur ist er mit fünfzig Bildern registriert und kassiert so um die 50 Euro extra monatlich. Auch Englisch-Unterricht kann Geld bringen. Not macht erfinderisch.

3. **Reise verkürzen.** Bevor man sich selbst kasteit – warum nicht einfach vier Wochen kürzer reisen und dafür entspannt? Eben.

....

Wie viel Kontakt mit zu Hause ist gut in Krisenzeiten?
Trösten kann niemand besser als Mama und die Freundinnen. Bei der Anonymität, die das Reisen mit sich bringt, können vertraute Stimmen und ein paar Insider-Witze Wunder bewirken. Der Haken an der Geschichte: Die Leute daheim haben einen Job und ein geregeltes Sozialleben. Geht's einem gerade

nicht so toll beim Weltentdecken, wünscht man sich plötzlich ein Haus, auf das man eine Hypothek aufgenommen hat, einen Ehemann oder ein plärrendes Kind. Zumindest ging es mir so. Ich habe versucht, selbst in der größten San-Francisco-Krise die Gespräche kurz zu halten. Ich mied in der Zeit ebenso Facebook oder Instagram. Die »Alles ist super«-Fotos der Freunde reiten einen nur tiefer in die Depression rein. Was hingegen immer geholfen hat: Bewegung. Rausgehen. Durch die Straßen laufen. Die Augen offen halten. Sich mit neuen Eindrücken ablenken. Und hin und wieder eine Postkarte schreiben. Postkarten sind schön und so herrlich altmodisch.

· · · · · · · · · · · · · · · · · ·

TECHNISCHES EQUIPMENT: WAS MACHT SINN – WAS NICHT?

✓ **Smartphone:** Eines reicht. Wenn das Ding obendrein zwei SIM-Slots hat – Gratulation. Apropos Handy: 2 bis 4 GB Datenvolumen reichen für einen Monat aus, auch wenn man viel online navigiert oder WhatsApp und Tinder laufen hat. Wer häufig Videos schaut oder große Software-Updates ohne WLAN-Verbindung machen muss, braucht zwischen 10 und 12 GB. SIM-Karten gibt's übrigens überall leichter zu kaufen als daheim, zur Aktivierung wird mitunter ein Reisepass benötigt.

✓ **Laptop:** Wer einen Blog schreibt, wird um einen Laptop oder ein Tablet nicht herumkommen. In meinem Handgepäck waren ein MacBook Air und ein iPad. Letzteres war für die Katz, aber am Ende weiß man immer mehr.

✓ **LED-Stirnlampe:** Ich hasse campen, aber Stirnlampen sind toll – als Leselicht im Bus, zum Erhellen nächtlicher Strände oder als Begleiter zur Freilufttoilette.

✓ **Abfluss-Stöpsel:** Fällt nicht unter Technik, aber das Ein-Euro-Gummiteil aus dem Baumarkt macht Schluss mit müffelnden Bikinis und T-Shirts – die Handwäsche ist damit in jedem Waschbecken geritzt.

✓ **E-Reader:** Eine komplette Bibliothek auf 200 Gramm. Halleluja.

✓ **Weltreise-Stecker:** Smart sind USB-Kabel-Aufsätze, das spart Stecker (und damit Gewicht).

✗ **Mobiler Wi-Fi-Router:** Wird in die Tasche gesteckt und verbindet per Datenkarte gleich mehrere Geräte mit dem Internet. Ich hatte so ein Teil, fand's aber letztlich praktischer, nur mit dem Handy herumzulaufen.

✗ **Noise-Cancelling-Kopfhörer:** Mir waren die Dinger zu sperrig und zu teuer. Außerdem sorgen sie für einen unangenehmen Unterdruck in den Ohren. Einfache Ohrstöpsel bremsen das Flugzeugbrummen genauso auf ein erträgliches Maß.

✗ **Digitalkamera:** Braucht es nicht. Die Smartphone-Kamera tut's auch, zumindest wenn man keinen Bildband an *National Geographic* verkaufen will. Ich selbst hatte eine Digicam mit, aber es hat mich gestresst, ständig nach guten Motiven Ausschau zu halten, anstatt zu sehen, was da ist. Ein weiteres Problem: Meine Kamera konnte zu viel. Oder ich war zu blöd dafür. Je nachdem, wie man es nimmt. In Tansania hatte ich die Aufnahmefunktion »E-Mail-Anhang-Größe« entdeckt, was super für den Facebook-Bild-Upload bei schlechter Internetverbindung war, doch dann vergaß ich Trottel, die Einstellung wieder zu ändern. *Alle* meine Bilder, die ich danach machte, sind winzig klein und von grottiger Auflösung. Ich bin mittlerweile darüber hinweg und predige: Die schönsten Momente hat man ohnehin im Herzen und nicht auf einer Speicherkarte.

6

HORMONELLE MISSVERSTÄNDNISSE
UNTERM REGENBOGEN

Hawaii-Inseln, USA
Januar
Zurückgelegte Distanz:
34 744 KILOMETER

Aloha. Ich weiß, wie dämlich das aus dem Mund einer blond gefärbten Nicht-Hawaiianerin mit Sonnenbrand klingt. Aber jeder sagt hier Aloha. Nicht nur zur Begrüßung. Die sechs Buchstaben bedeuten neben »Hallo« auch »Auf Wiedersehen«. Obendrein stehen sie für »Liebe«, »Freude« und »Glück«. Sogar die Bierflaschen sind mit dem Werbeslogan »Liquid Aloha«, also »Flüssiges Aloha«, bedruckt. Das zweite Wort, das mir hier ständig über die Lippen kommt, lautet übrigens Mahalo, auf Deutsch: Danke. Ich sage ständig Mahalo, wegen dem vielen Aloha hier.

Als ich vor vier Wochen spätabends in Honolulu landete und mit dem Taxi durch die Hochhausschluchten O'ahus zu meiner Unterkunft fuhr, war die Begeisterung allerdings erst einmal überschaubar. Wo waren die Holzhäuschen abgeblieben, die schnuckeligen Bauten mit Surfbrettern auf der Veranda? Und Plantagen mit Papaya, Avocados und Ananas konnte ich auch nicht erkennen. Stattdessen: Beton, sechsspurige Autobahnen, Wolkenkratzer, Palmen und eine Filiale von Kentucky Fried Chicken. Zum Glück begann ich in diesem Moment Stimmen zu hören. San Francisco tönte mahnend in meinem Kopf: »Lass dich nicht schon wieder von deinen Erwartungen sabotieren. Hast du denn gar nichts dazugelernt?« Ja, schon gut ... Einatmen. Ausatmen. Abgeklärtheit aus dem Kopf schlagen und alles noch einmal von vorne. Hmmm. Sah eigentlich ganz interessant aus. Mit rund 500 000 Einwohnern ist Honolulu nicht nur die entlegenste Großstadt der Welt, sondern ebenso Hawaiis größtes Geschäftszentrum. Da darf es ruhig Hochhäuser und meinetwegen gern Fast-Food-Ketten geben.

Nach dem Öffnen der Vorhänge am nächsten Morgen konnte es mir nicht schnell genug gehen. Ich wollte an den Strand, ich wollte einen Blumenkranz, ich wollte essen. Aber egal wie intensiv ich suchte: Lei, frische Blumenketten, fand ich nicht. Dabei hatte das Denkmal von Surf-Pionier Duke Kahanamoku, das ich am Waikiki Beach entdeckte, kiloweise aufgefädelter Frangipani-Blüten um den Hals hängen. Beim Anblick des Monuments musste ich unweigerlich lachen. In Europa huldigt man schwer bewaffneten Feldherren auf Pferden, auf Hawaii werden halbnackte Surfer in Badeshorts in Bronze gegossen. Ob es wohl schlecht fürs Karma ist, dem alten Duke die Blumen zu klauen?, dachte ich und gab mir Sekunden später die Antwort: besser nicht. Es heißt ja, Hawaii sei so mystisch und spirituell, da kann's passieren, dass die Rache des Duke mich trifft. Frische Lei, so habe ich mittlerweile gelernt, kann man übrigens am Flughafen kaufen, dort lassen sich die Dinger für 12 bis 16 US-Dollar sogar aus dem Automaten ziehen. Oder man checkt große Supermärkte, die Kühltheken sind diesbezüglich ein heißer Tipp.

Geografisch gesehen befinde ich mich am Arsch der Welt. Rund 4000 Kilometer liegen zwischen den Hula-Inseln und San Francisco. In die andere Richtung, nach Japan, ist es ähnlich weit. Sollten Außerirdische zufällig auf das Archipel hinabschauen, sie würden zu Recht fragen: »Was zum Teufel treiben die Wahnsinnigen da?« Ökonomisch gesehen scheint es nämlich erst einmal wenig sinnvoll zu sein, sich auf Inseln zusammenzurotten, die von allem abgeschottet sind. Autos, Baumaterialien & Co. müssen mühsam vom Festland herangeschifft werden. Ein Drei-Liter-Kanister Milch – die Standardgröße in den USA – kostet im Supermarkt elf US-Dollar (in Kalifornien gibt's das Ganze für ein Drittel des Preises). »Auf Hawaii geht es um das schöne Leben«, hört man wieder und wieder, wenn jemand ob der explodierenden Kosten schnauft. »Derart weit weg vom Schuss zu sein macht den Alltag sofort entspannter.«

Und das Surfen hilft auch. So gut wie jeder reitet auf einer Glückswelle dahin. Am Waikiki Beach in Honolulu sieht man schon sechsjährige Kinder mit Sixpack. Ihre Bauchmuskeln wirken wie gemeißelt, die Haare sind von der Sonne ausgebleicht. Die Eltern schauen nicht mal auf, wenn der Nachwuchs in einer Monsterwelle fast ertrinkt.

»Das Meer ist für uns keine bedrohliche Grenze, wir sehen es vielmehr als Tor zur Welt«, hat mir die Mutter eines besonders unerschrockenen Surf-Rabauken erklärt.

»Und die Haie?«, habe ich gefragt. »Es gibt doch Haie hier. Surferin Bethany Hamilton wurde mit vierzehn Jahren auf Kaua'i sogar ein Arm abgebissen.«

»Haie gehören dazu, die tun in der Regel nichts«, kam es zurück. »Manchmal hat man Pech. Viel öfter aber Glück.«

Habe ich erwähnt, dass die Menschen auf Hawaii es beherrschen, sämtliche Gespräche ins Positive zu drehen? Egal welche Konversation ich belausche, es geht nie um den Job, nervige Chefs oder zwischenmenschliche Lästereien. Man spricht ausschließlich übers Wetter, das nächste Barbecue oder was der Hund so treibt.

Mittlerweile bin ich eingegroovt. Hawaii hat mich zum Naturfreak gemacht. Ich bestaune täglich Regenbogen, sitze unter uralten Banyan-Bäumen, und der Vulkan auf Big Island, der Kīlauea, aus dem die Lava mystisch orange glüht, hat sich nachhaltig in mein Gedächtnis gebrannt. Aktuell bin ich auf Kaua'i, der grünen Insel aus *Jurassic Park,* wo Tausende von wilden Hühnern leben und einen zu jeder Tages- und Nachtzeit ankrähen und angackern. Sogar am Highway picken die Viecher nach Würmern, sie scheinen nicht die Hellsten zu sein. Mein Zuhause ist ein pastellrosafarbenes Holzhäuschen mit Freiluftdusche. Letztere war gewöhnungsbedürftig, mittlerweile freue ich mich darauf, nackt für Frösche und Geckos im Garten herumzustehen. Ich muss morgens lediglich entscheiden, an welchen Strand ich fahren will, sonst gibt es nichts zu tun. Okay, manchmal raffe ich mich dazu auf, Ananaswein und Brownie-Nachschub zu holen. Aber das war's. Ich fürchte, ich bin nicht mehr resozialisierbar.

Nur eines ist nicht so paradiesisch: die Sache mit den Männern. Die Surfer haben meist verfilzte Haare, fleckige T-Shirts und paddeln ab sechs Uhr früh wie die Lemminge aufs Meer hinaus. Da bin ich raus aus dem Spiel, ich bin definitiv keine Surferbraut. Und auf Tinder ist das Dating-Angebot überschaubar. Manchmal ertappe ich mich dabei, wie ich in den Himmel schaue und bei Urlaubsfliegern im Landeanflug »Frischfleisch!« denke – so eine Insel ist geografisch nämlich beängstigend begrenzt. Man kann nicht ohne Weiteres den Online-Suchradius erweitern. Ich revidiere: Man kann schon. Es ist bloß nicht sehr zielführend.

»Ich bin mit meinem Board in der Banzai Pipeline«, schrieb etwa Dylan, ein Typ, der mit »43 Jahre, keine Scheidung, keine Kinder« vielversprechend klang.

»Ich sitze in Hanalei. Wir könnten uns am späten Nachmittag treffen«, tippte ich zurück.

»Du fliegst heute noch von Kaua'i nach O'ahu?!«

Ups, Anfängerfehler! Peinlich. Zu weiter Radius. Nachbarinsel. Und schon war Dylan wieder gelöscht. Bei den nächsten Herren ging ich die Sache klüger an. Zwanzig Kilometer Entfernung maximal. Und sogar die können nachts auf den kurvigen, unbeleuchteten Inselstraßen zu einer kleinen Weltreise werden.

Aber mit jedem Tag lernt man mehr. Ich hatte dank Tinder das schlechteste und das beste Date meines Lebens. Und dazwischen viel zu lachen. Ein Kaffeehausbesitzer etwa dachte, in mir eine globetrottende Nymphomanin gefunden zu haben. »Auf Weltreise?«, frohlockte er. »Und ... wie viele Typen aus wie vielen Ländern hast du schon vernascht? Falls dir die USA, Irland und Italien noch fehlen, ich stelle mich gerne als 3-in-1 zur Verfügung. Mein Opa war Sizilianer, meine Oma aus Dublin, ich bin 100 Prozent UAssA.« Zack, unmatched. Ein Spiritual Teacher wollte mich in seine Wohnung im hawaiianischen Dschungel locken. »Ich gebe dir eine Lomi-Lomi-Nui-Massage, und wir schauen, wohin das führt.« Ähm, danke, aber nein danke. Tinder-Kandidat Rick wiederum entpuppte sich als Urlaubs-Obdachloser. Weil er sich finanziell übernommen hatte, wurde seine Kreditkarte gesperrt. Zu stolz, um früher nach Hause zu fliegen, musste er am Strand schlafen und setzte alle Hoffnungen darauf, online eine Frau mit Mutter-Teresa-Komplex zu finden. Erst versetzte er mich, um später um Vergebung, ein Sandwich und eine Baseball-Kappe gegen die sonnenverbrannte Kopfhaut zu winseln.

»Nur so aus Interesse, Rick: Warum bittest du nicht Freunde oder deine Familie um Hilfe? Dein Handy scheint ja zu funktionieren?«, fragte ich.

Statt einer Antwort packte er die Schuldbewusstseins-Keule aus. »Hawaii ist teuer. Du klingst nett. Jeder kann mal in eine Notsituation geraten, oder?«

Ja, kann man. Am Ende gab es trotzdem weder Sandwich noch Sonnenschutz für Ricks rote Rübe. Mit Ü-40-Typen, die ihre Probleme via Dating-App lösen wollen, läuft irgendwas falsch.

So auch bei Adam, einem Piloten. Wobei ich gar nicht sicher bin, ob der rotblonde, schlaksige Amerikaner überhaupt Pilot war. Die ganze Sache war ziemlich spooky. Getroffen habe ich Adam vor allem deshalb, weil er auf Anhieb wusste, dass Austria nicht Australia ist. Diese geografischen Grundkenntnisse und eine sehr gepflegte Optik machten ihn zu einem »Lass uns was trinken gehen«-Kandidaten. »Ich muss etwas beichten«, gab er beim ersten Bier bekannt. »Ich arbeite gar nicht bei Delta Air Lines.«

»Aha«, meinte ich. »Wo arbeitest du dann?«

»Bei der Billig-Fluglinie JetBlue.«

»Macht ja nichts.«

»Delta klingt besser und prestigeträchtiger. Und die Uniformen sind dort schöner.«

Sein Blick war leicht irre. Ich ignorierte es und orderte einen weiteren Drink.

Schieben wir es darauf, dass die Nacht lau und ich in Mai-Tai-Laune war. Außerdem hing der Vollmond hoch am Himmel. Als Adam meinte: »Komm, ich zeige dir Queen's Bath, ich wohne dort, da ist ein magisch schöner Klippenpool«, ging ich ohne zu zögern mit. Knutschend landeten wir in seiner Ferienwohnung, Adam schubste mich aufs Bett und schaltete den Fernseher in dröhnender Lautstärke ein. *Hangover,* der Film, Teil 2. *What the fuck?!* Das mit der ungezügelten Leidenschaft und einem Klamauk-Film im Hintergrund (bei dem ich obendrein ständig an den Zach-Galifianakis-Doppelgänger Phil denken musste) klappte nur bedingt. Gegen drei Uhr früh verbuchte ich die Angelegenheit unter »Fehler« und begann wegzudösen.

»Hey, du kannst hier nicht schlafen.« Adam rüttelte mich unsanft wach.

»Gibt's einen bösen Vermieter, eine Freundin im Nebenzimmer, oder wo liegt das Problem?«, murmelte ich schlaftrunken, aber irgendwie doch alarmiert.

»I don't do intimacy«, meinte Adam und zog mich vom Bett hoch.

»Ähm, you don't do what?! Was denkst du, was das gerade war, mein Lieber?«

»I don't do intimacy, sorry«, wiederholte Adam. Dann schob er mich und meine Sachen zur Tür hinaus. Mit einem Abschiedskuss. Ich sagte es schon: spooky.

Minutenlang saß ich perplex im Auto. Schließlich fuhr ich eine halbe Stunde durch die Nacht. Daheim angekommen löschte ich die Flug-Ratte sofort aus meinem Tinder-Verzeichnis. Als zweite Amtshandlung skypte ich eine Freundin an. Die elf Stunden Zeitverschiebung nach Europa können mitunter auch praktisch sein.

»Schlechtestes Date der Welt«, meinte ich und erzählte von der Absurdität des Abends.

»Wetten, dass er eine Freundin daheim sitzen hat?«, analysierte sie lachend. »Die Amis sind in Sachen Dating alle gestört. Schon Bill Clinton meinte, ein Blowjob sei kein Sex.«

»Hawaii und die Liebe, das wird nichts«, knurrte ich. »Die Inseln ziehen offenbar nur Aussteiger, verlauste Surfer und Verrückte an. Neulich hat mich einer auf Tinder gelöscht, weil ich zugab, dass ich gerne Steak esse.«

»Ein Veganer?«

»Schlimmer noch: ein Frutarier. Er ernährt sich nur von Fallobst und Nüssen und zieht sich zum Heilfasten zweimal im Jahr in die Hügel von Kaua'i zurück. Als er hörte, dass mein Vater Metzger ist, war ich plötzlich ummatched.«

»Ach, lass dich nicht unterkriegen. Von ganz unten geht's nur in eine Richtung, nämlich rauf«, meinte meine Freundin heillos optimistisch. »Die Chancen, dass du bald das beste Date deines Lebens hast, standen nie besser.«

Tja, und dann kam Cory. Cory hat vor Kurzem seinen Job und seine Wohnung in Minneapolis aufgegeben, um nach Kaua'i zu ziehen. Er kennt die Insel bestens, sein esoterisch angehauchter Bruder lebt hier und hat ihm für den Neustart eine Arbeitsstelle besorgt. Cory soll Häuser renovieren. Bis die Baustelle losgeht, ist allerdings noch Zeit.

Nach der Sache mit dem vermeintlichen Piloten war ich skeptisch, aber Cory erwies sich als nicht psychopathisch und als guter Gratis-Reiseführer. Durch ihn kenne ich das einzige Kino auf der Insel. Er hat mir das lokale Gefängnis gezeigt, in dem die männlichen Insassen wegen eines gestrengen und leicht sadistischen Sheriffs Jumpsuits in Schweinchenrosa tragen müssen. Und gemeinsam haben wir bereits sämtliche Altwarenhändler auf der Insel abgeklappert, um eine Kommode für sein Wohnzimmer zu finden. Das Spiel »Cory richtet-seine-Wohnung-ein« war wichtig. Er konnte langsam in eine Art von Alltag eintauchen. Und ich habe das Gefühl, ich hebe mich vom allgemeinen Touristenstrom ab, auch wenn ich bald nach Argentinien aufbrechen muss.

Erst fand ich Cory nur als Kumpel gut. Doch neulich, während eines Roadtrips, dachte ich, da wäre mehr. Und ganz ehrlich, ich sollte mir überlegen, die Hollywood-Rechte für diesen Tag zu verkaufen, er war kitschig-filmreif. Wir frühstückten am Strand und plauderten mit alten, lederhäutigen Fischern. Dann kletterten wir zum Wailua-Wasserfall hinab und schwammen durch einen Regenbogen (Hollywood, ich sag's ja). Als Cory mit seinen kinnlangen Haaren und den vielen Tattoos wie die räudige Version von Jesus dem Wasser entstieg, da fand ich ihn plötzlich rattenscharf. Hilfe! Doch der Hormonrausch wurde schlimmer. Cory zeigte mir eine verwunschene Hängebrücke, wir liefen ausgelassen wie kleine Kinder darüber. Den Waimea Canyon, der von Hawaiianern der »Grand Canyon des Pazifik« genannt wird, erkundeten wir barfuß. Und als Cory vorschlug, mit einer Flasche Wein und einer Packung Kartoffelchips zum Sonnenuntergang an den Polihale Beach zu fahren, war ich mehr als nur entflammt.

Polihale ist der längste Sandstrand Kaua'is – und auch der einsamste. Man erreicht ihn lediglich über eine ruckelige Schotterstraße. Als wir kurz vor Beginn der Dämmerung in den Dünen parkten, waren wir mutterseelenallein.

»Ich liebe diesen Platz«, sagte Cory und zündete sich eine Zigarette ein. »Er ist gut zum Nachdenken.«

Ich setzte mich neben ihn.

Keine Reaktion. Stille. Rauchen. Also näher ran.

»Ist dir kalt?«, fragte er.

»Ein bisschen«, log ich.

Es half nichts. Sein Arm blieb regungslos da, wo er war.

Irritiert öffnete ich die Kartoffelchips, Sour Cream & Garlic, nicht die beste Wahl zum Knutschen.

»Gleich versinkt die Sonne im Wasser«, brummte Cory beim Anblick des rosaroten Farbspiels zufrieden.

Langsam kam ich mir schwer zurückgewiesen vor. Kein guter Zustand. Man fühlt sich irgendwie seiner Würde beraubt.

»Cory, Herrgott noch mal, kannst du mich bitte in den Arm nehmen?«

Ein erstaunter Blick. »Ja. Klar.«

Stille. Rauchen. Sonnenuntergang. Nichts.

»Können wir ein bisschen knutschen?«

Jesus soll sich auch geziert haben, sagt man. Aber dass Maria Magdalena es so schwer hatte, glaube ich nicht.

»Hmmm. Ja.«

Nach einer Minute beendete Cory die Geschichte, raufte sich die Haare und griff wieder nach den Zigaretten.

»Was ist los?«, fragte ich und checkte sicherheitshalber meinen Atem hinter vorgehaltener Hand.

»Es tut mir leid, aber ich bin mit meinem Kopf woanders. Ich muss ständig an meine Ex-Freundin denken. Wir haben uns vor meinem Umzug auf die Insel getrennt. Ich vermisse sie. Sie war nicht perfekt, aber sie war es für mich.«

Ich wollte meinen Kopf resigniert in den Sand schlagen, so unfair empfand ich das Leben gerade.

»Ehrlich gesagt, finde ich es schön«, murmelte ich schließlich, nachdem ich mich innerlich beruhigt hatte. »Ich hätte auch gerne, dass mich jemand so vermisst wie du sie.«

»Du bist eine tolle Frau«, sagte er.

»Aber im Moment nicht toll genug«, seufzte ich mit schiefem Grinsen.

»Blödsinn.«

Dann schickten wir uns an, nach Hause zu fahren. In den ersten Minuten im Auto herrschte peinliche Stille.

»Weißt du«, sagte Cory, als wir wieder auf eine befestigte Straße kamen. »Ich habe lange gebraucht, um die Zeichen zu erkennen, die das Universum mir schickt. Andere nennen es Dem-Bauchgefühl-Folgen. Es finden sich überall Zeichen, wir haben nur verlernt, sie zu sehen.«

»Und welche Zeichen siehst du jetzt?«, fragte ich und starrte durch die Windschutzscheibe in den Nachthimmel, wo sich ein Stern nach dem anderen anknipste.

»Es gibt einen Grund für unser Kennenlernen. Dieser Grund erschließt sich für uns beide vielleicht noch nicht, aber du bist ein Puzzleteil zu etwas anderem, das fühle ich.«

Ich schwieg und stopfte mir die letzten Kartoffelchips in den Mund.

Als ich zu Hause war, warf ich den Computer an.

»Und, wie war's?«, hatte die Freundin per E-Mail gefragt.

Ich wusste nicht, was ich antworten sollte. Mir war bewusst, was Cory mit »nach Zeichen Ausschau halten« meinte. Und ich beneidete ihn für die Konsequenz, mit er diesem Bauchgefühl folgte. Er war nach Kaua'i ausgewandert, weil er sich auf unerklärliche Weise mit dieser Insel verbunden fühlte. Er hatte gehofft, seine Liebe würde ihm folgen. Sie tat es nicht. Er ist trotzdem nicht umgekehrt. Dass er nicht aufhören kann, sein Mädchen zu lieben, ist kein Widerspruch. Es ist nur der bittersüße Beigeschmack, den eine Traumerfüllung manchmal mit sich bringt.

Mag sein, dass ich mir Corys Abfuhr gerade schönrede. Man könnte ihn auch einen unschlüssigen Liebeskranken nennen, der sich auf Tinder angemeldet hat, weil er sein verletztes Ego aufpolieren muss und nicht gut allein sein kann. Aber wenn ich ehrlich bin: Ich bin genau genommen keinen Deut besser. Mein Herz hüpft bei ihm nicht, wie es sollte. Das hat es nie getan. Mein erster Eindruck von Cory war: netter Typ. Mehr aber nicht. Den Hormonrausch nach dem Regenbogenbad schiebe ich auf die vermeintliche Erscheinung von Jesus und den vielen Zucker im Frühstücks-Brownie.

Was nicht passt, sollte auch nicht passend gemacht werden. Das Herz weiß, was es will – und weist einem die Richtung. Vielleicht finde ich auf Hawaii nicht, was mein romantisches Ich sucht. Vielleicht verstreicht die gesamte Weltreise ohne Geigengefidel und große Gefühle. Aber Cory hat mir zumindest in Erinnerung gerufen: Solange ich mir selbst treu bleibe, ist jede Begegnung ein wichtiger Baustein fürs große Ganze.

»Danke für diesen Tag«, schrieb ich ihm eine Nachricht. »Schlaf gut.«

»Danke DIR. Ich bin froh, dass du Du bist. Morgen Abend grillen? Steaks und Shrimps?«, schrieb er zurück.

»Ja, gerne«, antwortete ich. »Essen muss man immer.«

Und mein Hirn setzte hoffnungsfroh nach: Andere Länder haben ebenfalls schöne Söhne – und gute Steaks. Argentinien, ich komme!

Eat, pray, love …
funktioniert das wirklich?
Meiner Meinung nach nicht. In den meisten Fällen heißt's:
Eat. Love. Leave. Und ich kann die Sache sogar begründen.
Reiseromanzen sind intensiver als normale Techtelmechtel.
Man weiß, man hat nur wenig Zeit miteinander, und tiefen-
entspannt und mit sonnengeküsstem Teint liebt es sich leichter. Oft spürt man schon nach Tagen eine magische Verbindung, für die es sonst Monate braucht. Das heißt aber nicht
automatisch, dass der Kerl der lang ersehnte Jackpot ist,
selbst wenn ich jetzt wie eine frustrierte alte Jungfer klinge.
Mitunter ist man einfach mehr in die sorglos-aufgeschlosse-
ne, wagemutige und wunderschöne Version von sich selbst
verschossen als in den Typen selbst. Was ja prinzipiell nicht
schlecht ist.

Ich bin die größte Romantikerin vor dem Herrn, aber mit
zunehmendem Alter wird man auch Realistin. Mit einem
Mann, den man vielleicht vierzehn Tage kennt, durchbrennen?
Sofort eine Wagenladung voller Kinder zeugen? Oder in einer
Hauruck-Aktion gemeinsam ein Dschungelrestaurant eröff-

nen? Schwierig. Die blinkenden Alarmglöckchen und persönlichen Beziehungserfahrungen reisen immer mit.

Aber die Sache ist nicht hoffnungslos. Denn wer sagt, dass man nicht in Kontakt bleiben kann? Man kann sich dadurch besser kennenlernen, und vielleicht entflammt zu einem späteren Zeitpunkt das Feuer neu? Liebe ist meines Erachtens häufig eine Sache des richtigen Timings. Und bevor mir jetzt jemand mit dem sensationell perfekten Happy End von Elizabeth Gilbert, der Autorin von *Eat Pray Love,* kommt: Der heiße Brasilianer, den sie auf Bali aufgerissen hat, ist Geschichte. Miss Gilbert hat ihn für eine Frau verlassen, ihre beste Freundin, um genau zu sein, und die neue lesbische Beziehung hatte durch die Krebserkrankung der Freundin keinen einfachen Start. Nur so als Info, falls jemand demnächst mit dem Bestseller unterm Arm nach Ubud pilgert, durch Reisfelder radelt und auf eine Wiederholung des Liebeswunders hofft.

••••••••••••••••

Welche Sicherheitsmaßnahmen braucht's beim Dating als allein reisende Frau?

Ich hab's so gehalten: Ein Screenshot vom Online-Profil des Kandidaten, seine Telefonnummer sowie die Adresse des vereinbarten Treffpunkts gingen an Freundinnen. Ich hatte zwei Vertraute diesbezüglich: Eine saß in Wien, die andere in New York. Das war in Sachen Zeitverschiebung ziemlich praktisch, irgendjemand war immer wach, um notfalls eine groß angelegte »Findet Waltraud!«-Suchaktion zu starten. Wobei ich sagen muss: Man bekommt rasch ein Gefühl dafür, wer halbwegs brauchbar ist und wer nicht. Auf Tinder tummeln sich auch nur Menschen, und obendrein nicht die schlechtesten. Ich hatte ausschließlich positive Erfahrungen, bis auf Adam vielleicht, den Möchtegern-Piloten, der's nicht so mit der Intimität hatte. Aber das Ganze war so schräg, dass es schon wieder lustig war. Außerdem habe ich mich nur mit Typen getroffen, die längere Chats souverän bestanden. Schnelle »Hey, was machst du heute Abend?«-Offerten oder lüsterne Andeutungen wurden ignoriert.

Im Chat klopfte ich Faktoren wie »Humor«, »Geisteskrankheiten« oder »Rechtschreibschwächen« ab (ich bin ein verbaler Mensch, bei zu vielen Fehlern rollt's mir die Zehennägel auf). Mein Hausverstand und ich vereinbarten das erste Treffen meist an einem öffentlichen Platz oder in einem gut besuchten Restaurant in der Nähe meiner Unterkunft; in meinem Handy hatte ich eine lokale Taxinummer und den Fahrdienst Uber gespeichert. Idealer Zeitpunkt für ein Kennenlernen: der späte Nachmittag oder der frühe Abend. Die Typen sind dann zumindest nüchtern, und wenn das Gespräch schleppend verläuft, kann man sich mit: »Sorry, ich habe heute Abend noch was vor« aus der Affäre ziehen. Wer nur eine Nachspeise bestellt, ist auf der sicheren Seite. Nach einem Dessert kann man gehen, weder Kellner noch Date können einem weitere Gänge aufzwingen.

•••••••••••••••••

Wo lernt man die Typen kennen, welche Online-Tools gibt es?

Ich habe meistens auf Tinder gesetzt. Schlug die App wenig Kandidaten vor, war das ein Indiz dafür, dass sie in der jeweiligen Stadt nicht etabliert war. In diesem Fall probierte ich andere Portale: Auf Hawaii warf ich testweise OkCupid an. In Buenos Aires stieg ich auf Happn um, bei dieser App wird durch GPS-Tracking angezeigt, welchen Singles man in den vergangenen vierundzwanzig Stunden unbewusst über den Weg gelaufen ist. Wobei: In Argentinien war das vergeudete Zeit, das Land hat die höchste Untreue-Rate Südamerikas. 90 Prozent der online registrierten »*Hola, qué tal!*«-Aspiranten waren vergeben, vielleicht sogar 99 Prozent, so klar war das am Ende nie.

In Japan ist Tinder kein Renner, da sind lokale Programme besser, aber die Online-Rekrutierung für Asien habe ich ohnehin schnell aufgegeben. Der Asiate ist nicht mein Typ, auch wenn das politisch höchst unkorrekt klingt. Umgekehrt schien es genauso zu sein: Wenn man über eins siebzig groß ist, gerne laut redet und schwere Knochen hat, entspricht man nicht dem gängigen Schönheitsideal. Außerdem wogen die Kulturunterschiede zu schwer, zumindest empfand ich es so, ich will manchmal einfach nur über meine Lieblingsserien oder Songs quatschen können und darauf bauen, dass mich das Gegenüber versteht.

Prinzipiell kamen die Gespräche bei Verabredungen immer schnell in Gang: Ich hatte das Gefühl, die Typen waren erleichtert, sich bei mir nicht durch »Hey, what's up? How was your week?«-Gespräche quälen zu müssen. Die Reise gab genug Stoff zum Reden.

••••••••••••••••

Was, wenn der Typ live ein Albtraum ist?

Ein »Sorry, ich muss gehen« sollte reichen, und »Nein« ist ein vollständiger Satz. Erklären muss man sich einem Fremden gegenüber nicht. Ich habe mich einmal mit: »Ich muss leider früher weg als geplant, meine Mutter ruft noch wegen einer dringenden Familiensache an« aus der Affäre gezogen (klappt allerdings nur bei plausibler Zeitverschiebung) ... Danach sicherheitshalber den Kontakt löschen oder die Telefonnummer blockieren. Eine klarere Ansage gibt es nicht.

....

Meine wichtigsten drei Dating-Regeln

1. **Nicht gleich das Schlimmste erwarten.** Männer sind mitunter genauso vorsichtig/verletzt/neurotisch/hoffnungsfroh/romantisch wie man selbst.

2. **Die eigene Rechnung selbst zahlen.** Auch wenn manche Herren der Schöpfung das komisch finden. Aber ich wollte dem Date nie was »schuldig« bleiben. Aufkeimende Proteste beendete ich mit einem lachenden »Bei uns daheim macht man das so« und legte das Geld auf den Tisch.

3. **Seinen Drink im Auge behalten.** Stichwort: Date-Rape-Drugs. Die sind in vielen Städten weiter verbreitet als man denkt.

....

7

SELFIES MIT JESUS UND EIN LEHRREICHER KOCHKURS

Buenos Aires, Argentinien
Februar
Zurückgelegte Distanz:
47 150 KILOMETER

Tango überall. Steaks sowieso. Und dann gibt es da noch diesen rosafarbenen Präsidentenpalast, von dessen Balkon Evita Perón einst huldvoll in die Menge winkte. Argentinien ist der fünfte Stopp auf dieser Reise. Noch ist nicht Halbzeit, aber ein beträchtlicher Teil meines Streuner-Jahres ist vorbei. Manchmal macht es mir Angst, wie schnell die Zeit vergeht. Aber Angst war noch nie ein guter Begleiter. Also blende ich die Sache fürs Erste aus.

Auch wenn die Drei-Millionen-Metropole am Río de la Plata so ihre Tücken hat und ich mitunter wie Rumpelstilzchen im Kreis springe, Buenos Aires hat zwei Vorteile: Mein Hirn kann hier nicht verdummen, es wird gefordert, mächtig sogar. Und: Die Leute sind wahnsinnig nett. Florencia, meine fünfundfünfzigjährige platinblonde Vermieterin, die Jeans trägt, in die ich selbst nach einem ausgedehnten Hungerstreik nicht passen würde, hat mich beinahe wie eine verlorene Tochter begrüßt. Küsschen links, Küsschen rechts, ein laut geschmettertes »Bienvenido«, so drückte sie mich an ihren Busen. Dann überreichte sie mir die Wohnungsschlüssel für meine Innenstadt-Bleibe in Recoleta, eine Flasche argentinischen Malbec (»Bei all der Fliegerei um die Welt brauchst du Rotwein, ist gut fürs Blut«) und fast ehrfürchtig zwölf Pesos in Münzen. »Die sind für die Waschmaschine im Keller. Ich hab die Münzen extra für dich besorgt. Es war nicht leicht.«

Zwölf argentinische Pesos ergeben nicht einmal einen Euro. Aber so stolz, wie Florencia auf die Dinger war, dämmerte schließlich auch mir als Wirtschafts-Depp: Hier gibt's ein Problem mit Geld.

»Wieso war es schwer, die Münzen zu besorgen, Florencia?«, hakte ich auf Englisch nach.

»Der Staat hat zu wenig produziert. Münzen sind Mangelware. Du benötigst sie im Bus und bei vielem mehr – aber es gibt kaum welche. Im Supermarkt runden sie den Endbetrag sogar zu deinen Gunsten ab, nur um kein Kleingeld rausgeben zu müssen.«

»Dann prägt doch einfach Münzen nach«, schlug ich vor. (Problem gelöst. Der Präsident dürfte mir gerne später für diesen Geniestreich danken.)

»Ach, Kindchen«, lachte Florencia. »Argentinien ist doch bankrott. Der Peso kämpft mit massiver Inflation. Außerdem will jeder US-Dollar haben. Man zahlt gute Preise dafür am Blue Market, so nennt man hier den Schwarzmarkt für Dollar.«

»Und das ist legal?«

»Sagen wir so: Es ist nicht richtig illegal. Hast du genug Dollar mitgebracht? Ich kann dir vertrauenswürdige Wechselstuben nennen.«

Natürlich hatte ich keine US-Dollar mit. Was aber vor allem dem kaputten Magnetstreifen meiner Girokarte zuzuschreiben war. (Merke: *Eine* Bankkarte allein kann fürs Weltreisen zu wenig sein.) Auf Hawaii war das Ding plötzlich »out of order«, ich war von meiner Kreditkarte abhängig.

»Plastikgeld wird in Argentinien kaum akzeptiert«, ließ mich Florencia zum Abschied wissen. »Nur Bares ist hier Wahres.« Na toll.

Mittlerweile konnte ich den ersten Schwung Bargeld über meine Visa Card abheben. Man zahlt zwar absurd hohe Gebühren, aber bis die neue Ersatz-Kontokarte aus Österreich per Post eintrifft, muss ich da durch. Zumindest sind die Preise hier im Rahmen. Bei Disco – nein, kein Nachtclub, so heißt die größte Supermarktkette hier – tanze ich euphorisch durch die Regale und hieve alles, was der Magen begehrt, in den Einkaufswagen. Queso Argentino. Jamón crudo. Chorizo. Saftige Steaks. Medialunas, süß glacierte Croissants. Für einen Wocheneinkauf zahle ich selten mehr als 35 Euro, fast zwei Drittel weniger als in San Francisco oder auf Hawaii. (Einziger Nachteil: Man weiß nie, wie viel man für seine Pesos am nächsten Tag noch bekommt.)

Aber verwirrender als die Sache mit dem Geld ist die Kommunikation: Ich bin zum ersten Mal auf dieser Reise sprachlos. Im wahren Wortsinn. Und ich bin selbst daran schuld. Mein Spanisch beschränkt sich auf »hola« und ein paar Höflichkeitsfloskeln, auch Quilmes, ein lokal gebrautes Bier, könnte ich notfalls bestellen, obwohl ich gar kein Bier trinke. Ansonsten verstehe ich nichts. Nada. Den Argentiniern geht es bei mir ähnlich.

Egal auf wen ich zugehe, nach »¿Habla usted inglés?« (»Sprechen Sie Englisch?«) lautet die Antwort immer kategorisch-erschreckt: »No.« Dann schauen wir uns ein paar Sekunden ratlos an. Und ich versuche, einige Brocken Espagnol oder das, was ich dafür halte, auszugraben. »Puede ... ähm ... comprar ... ähm ... hay ... una ... comprende?« Was dazu führt, dass ich mit einem Schwall Castellano zugetextet werde. Je wortreicher die Antwort, desto mehr versteht die Gringa, hofft man. Dasselbe gilt offenbar für die Lautstärke. Als Ausländerin werde ich ständig freundlich angebrüllt. Meine Bestellung einer Empanada mit Huhn brachte einen Verkäufer neulich ordentlich ins Schwitzen, weil ich mit meinem Gestotter den ganzen Betrieb aufhielt. »Empanada gallega?«, fragte er. (Dazu hätte ich wissen müssen, dass es neben einzelnen Teigtaschen auch eine große Brottorte gibt, eine sogenannte gallega.)

»P-o-l-l-o, chicken, por favor«, wiederholte ich meine Bestellung stupide.

»Gallega, si?«

»No.«

Am Ende schlich ich geschlagen und ohne Mittagessen wieder aus dem Geschäft.

»Ich brauche dringend Untertitel für dieses Land«, habe ich mich bei Florencia – dem einzigen Menschen in Argentinien, der mich versteht oder verstehen will – beschwert.

Sie lachte nur und meinte: »Ach, Spanisch ist einfach. Das hast du in zwei, drei Monaten drauf.«

»Ich bin aber bloß drei Wochen da, Florencia.«

»Hmmm, ja, dann wird's schwierig.«

Einmal hat mich sogar die Taxizentrale entnervt aus der Telefonleitung geschmissen, woraufhin Florencia mir zur Verwendung einer Taxi-App riet: »Da muss du nicht sprechen, das Fahrziel kannst du online eingeben.« Das Aufladen der U-Bahn-Karte ging vergleichsweise leicht. Ich legte dem jungen Verkäufer das Ticket vor und fuchtelte dann beschwörend wie eine Hexe vor seinem Gesicht herum. Zehnmal bewegte ich beide Hände vor ihm auf und ab. Er war ein schlaues Kerlchen und lud grinsend die erwünschten 100 Pesos auf. Nur bei Tinder hat die Stille Post nicht wirklich funktioniert. Ich fürchte, ich werde in dieser eigentlich geselligen Stadt ständig allein am Katzentisch essen müssen, denn von zehn Matches waren bisher lediglich drei Männer der englischen Sprache halbwegs mächtig. Und das, was in geschriebener Form zurückkam, war grammatikalisch und rechtschreibtechnisch recht originell. Schon klar, ich bin die Letzte, die hier auf Sprachpolizei machen darf, noch dazu, wo mein Spanisch einer konstanten Volksbeleidigung gleicht. Aber mich bei einem Date durch eine Konversation in holprigem Grundschul-Englisch zu quälen, so verzweifelt bin ich dann doch wieder nicht.

Dennoch gibt es Erfolgserlebnisse zu verbuchen. Ich habe es tatsächlich geschafft, mir eine argentinische SIM-Karte fürs Handy zu besorgen. Das mag nicht sehr eindrucksvoll klingen, trotzdem bin ich danach beschwingt durch die Straßen stolziert. *Buenos Aires es complicado* – und das ist noch diplomatisch ausgedrückt. Was in anderen Destinationen problemlos klappt, braucht hier oft mehrere Wege. Der Ankauf von zwei Gigabyte Datenvolumen hat mich in drei Geschäfte geführt. Im ersten konnte man die Karte lediglich erwerben, im nächsten wurde sie registriert und im dritten tatsächlich mit dem gewünschten Guthaben aufgeladen. Und das alles ohne Spanisch. *I am wonderwoman, comprende?*

Jetzt muss ich nur noch lernen, mit dem Bus zu fahren. Ein Kamikaze-Unterfangen. Es gibt gefühlte drei Millionen Busse und kein wirklich durchschaubares System. Aber ich will nicht noch mal zehn Euro fürs Taxi ausgeben müssen. So viel habe ich hingeblättert, als ich über Umwege (der Taxifahrer hat meine Ortsunkundigkeit erfreut ausgenutzt) zum Tierra Santa wollte, dem religiösen Disneyland am Rande der Stadt. Die Anlage versteht sich als einziger Themenpark für Gläubige in Lateinamerika, geschmacksbefreite Architekten haben hier das antike Jerusalem nachgebaut. Alles ist aus Plastik: die Palmen. Die Kamele. Die Esel. Die Engel. Sogar die Arche Noah steht unzerstörbar für die Ewigkeit da. Beim Eingang inspizierten römische Statthalter, Studenten in Plastikrüstungen, mein Ticket, dann winkten sie mich durch. Endlich drin! Im Gelobten Land! Und ein Blick auf den Lageplan von Tierra Santa offenbarte: Der Heiland ist überall. Am Ölberg. In der Krippe. Gekreuzigt am Berg. In einer Grotte fand sich sein Made-in-China-Alter-Ego sogar mit rot blinkendem LED-Herz!

Bevor mich jemand der Blasphemie bezichtigt: Tierra Santa ist nicht auf meinem Mist gewachsen. Der Park wurde vor rund fünfzehn Jahren errichtet, um einer breiten Bevölkerungsgruppe die Geschichte des Christentums näherzubringen. In mir begann sich schnell der Verdacht zu regen, dass das religiöse Disneyland vor allem für Nonnen gemacht wurde, die außerhalb ihrer Klostermauern einmal etwas erleben wollten. Auffallend viele Nonnen besuchten nämlich Tierra Santa. Und die Glaubensschwestern waren auch schuld daran, dass mein Ausflug in eine Selfie-Session ausartete. Als ich ein paar Nonnen dabei erwischte, Erinnerungsfotos mit ihrem Plastik-Chef zu machen, war ich angefixt. Allerdings wollte ich nicht warten, bis sie endlich alle mit dem Knipsen durch waren, also trollte ich mich zum Ölberg, wo mehr Ruhe war. Nur Jesus und ich. Keine Nonnen, keine Tour-Guides mit Megafonen und Rosenkränzen. Es war perfekt. Zumal Jesus ein dankbarer Fotopartner war. Er hielt minutenlang still, auch am Kreuz und in der Krippe. Zwischendrin entdeckte ich Franz von Assisi, mit ihm und seinen Plastiktäubchen gab's kurz entschlossen ebenfalls Bilder. Zeit zum Totschlagen hatte ich ja genug. Denn das, wofür ich ins Gelobte Land gekommen war, passiert nur alle zwei Stunden. Die Auferstehung Jesu! Mit Pomp, Trara und Glockengeläut.

Die Nonnen waren aufgeregt, als es endlich so weit war. »Puedo ver la cabeza!«, juchzte eine euphorisch. »Ich kann den Kopf schon sehen.« Und tatsächlich schob sich in diesem Moment der Plastikheiland aus dem Berg. Stück für Stück, mit weit ausgebreiteten Armen, zwölf Meter hoch und drei Meter breit stand er schließlich da in voller Pracht. Auf Knopfdruck des technischen Leiters bewegte sich der Kopf mechanisch und huldvoll nach links, dann nach rechts, danach wieder nach vorne. Nach drei Minuten Erscheinung war der Spuk vorbei. Die meisten gingen nach dem Spektakel essen. In Tierra Santa finden sich Kebab-Stände und Pizzerien mit Namen wie »Salem« oder »Die Tore von Damaskus«. Ich passte beim Anblick der fetttriefenden Teller und musste noch auf dem Heimweg grinsen. Irgendwie sind seitdem meine Mundwinkel dauerhaft oben. Buenos Aires und seine Leute sind einfach zu skurril. Victoria, eine patente Enddreißigerin, die sich darauf spezialisiert hat, Walking Tours durch Buenos Aires anzubieten, hat mir etwa während des Stadtspaziergangs erklärt, dass viele Einwohner trotz anhaltender Wirtschaftskrise chirurgisch getunt sind.

»Das staatliche Gesundheitswesen ist schlecht«, erklärte sie. »Private Krankenversicherungen bieten bessere Ärzte und locken bei Vertragsabschluss mit Goodies. Wenn du deine Beiträge pünktlich zahlst, erhältst du alle paar Jahre eine Beauty-OP gratis. Falsche Brüste, Facelift, Ohren anlegen, neue Nase, was immer du willst.«

Damit nicht genug. Wo Victoria – brünette Mähne, gewinnendes Lachen – schon in Fahrt war, erklärte sie auch gleich, dass in Buenos Aires so gut wie jeder zum Psychotherapeuten rennt. »Ich freue mich jeden Freitag auf meine Sitzung«, strahlte sie.

»Hm«, druckste ich herum, um schließlich doch mit der Tür ins Haus zu fallen. »Ist es Liebeskummer oder so was?«

»Nein. Ich habe keine Krise. Meine Familie, meine Freunde, alle liegen auf der Couch. Mit einer neutralen Person übers Leben reden zu können ist großartig!«

»Und wie oft gehst du dann zum Therapeuten, wenn du wirklich mal ein Problem hast?«

»Jeden Tag. Nach der Trennung von meinem Freund war ich ständig dort.«

Letzteres hat Victoria nicht ohne Stolz gesagt. Weil man es sich in ihrer finanzkranken Heimat auch leisten können muss, über die Liebe und andere Missverständnisse zu schwadronieren. Laut WHO, der Weltgesundheitsorganisation, arbeiten in Argentinien mehr Seelenklempner als in jedem anderen Land dieser Welt. (Sigmund Freud würde sich angesichts dieser Zahlen wahrscheinlich in seiner Urne umdrehen und wettern, man möge seine Asche über dem Himmel von Buenos Aires verstreuen, anstatt sie in England rumstehen zu lassen.)

Jetzt könnte man meinen, es reiche aus, Psychologie oder Medizin zu studieren – schon hat man ausgesorgt.

»Wer's glaubt«, hat Norma, eine schlanke Mittfünfzigerin mit Stirnfransen und Lehrerinnenbrille, auf meine Feststellung hin trocken gelacht. »Die Konkurrenz ist leider zu groß dafür.« Norma ist Psychotherapeutin, seit dreißig Jahren schon. Ihre Wohnung in Belgrano, einem noblen Viertel im Norden von Buenos Aires, dient als Praxis. Und in genau dieser landete ich, in einer giftgrünen Küchenschürze, die dem Teint so gar nicht schmeichelte. Da, wo sich frustrierte Pärchen sonst über Sexflauten, Affären und andere seelische Grausamkeiten auslassen (Normas Spezialgebiet ist die Paartherapie), übte ich mich darin, unfallfrei Zitronenzesten abzureiben.

Denn Norma ist nicht nur gut darin, egoverletzte Liebende zur Räson zu bringen. Die Mutter zweier erwachsener Kinder ist auch eine begnadete Köchin mit ausgeprägtem Geschäftssinn. Zweimal pro Woche schließt sie ihre Praxis für jeweils drei Stunden und gibt wahlweise auf Englisch, Spanisch oder Französisch ihre Küchengeheimnisse preis. Als ich bei ihr anklopfte, um mehr über traditionelle argentinische Gerichte zu erfahren (weil man ja im geselligen Argentinien schief angeschaut wird, wenn man allein ein Restaurant betritt, hatte ich mich von vielen Lokalen ferngehalten), standen Rindfleisch-Empanadas, ein traditioneller Linseneintopf mit Chorizo (Hartwurst) und Pancetta (Bauchspeck vom Schwein) sowie Kekse mit Dulce de leche auf dem Menüplan. Dulce de leche ist eine Art Karamell, ähnlich dem englischen Toffee. Die Argentinier lieben das Zeug. Manchmal beschleicht mich der Verdacht, sie würden es sogar aufs Wurstbrot schmieren, würde man sie lassen.

Während meine Kochgruppe, die aus fünf Buenos-Aires-Touristen bestand, also fleißig Eier schnitt, Zitronen abrieb und Tomaten hackte, beobachtete Norma uns mit strengem Blick. Und konnte es dann doch nicht lassen, ein bisschen den Psycho-Profi raushängen zu lassen. Meghan und Jason, ein junges Paar aus Chicago, waren mit dem Keksteig zugange. Jason hob langsam seine Mehl-Backpulver-Mischung unter, während Meghan eifrig rührte.

»Und was tut ihr, wenn Meghans Arm vom Rühren müde wird?«, fragte Norma mit listigem Blick.

»Ähm, wir wechseln uns ab?«, sagte Jason unsicher. Die Situation wurde ihm zu heiß, nicht nur wegen der brütenden 33 Grad in Buenos Aires. Seine Freundin hatte ihn zum Kochen überredet, von einer Paartherapie vor Publikum war nicht die Rede.

»Genau, Jason! Bravo!«, strahlte Norma. »Das ist hervorragende Beziehungskommunikation! Weiter so.«

Das Gute an Normas Kochklasse war: Ich lernte nicht nur, wie man die Teigtaschen mit einer fließenden Drehbewegung von Daumen und Zeigefinger verschließt. Ich bekam auch einen Gratis-Crashkurs in Sachen argentinisches Gesellschaftsleben.

Die Menschen hierzulande lieben Mate-Tee, überall gießt man die geschnittenen, unfermentierten Blätter des Matestrauchs, die so viel Koffein enthalten, dass es einem die Augen raushaut, mit heißem Wasser auf. Aber Mate-Tee ist mehr als ein Energie-kick, er ist eine Art sozialer Superkleber. Das bittere Gebräu wird stets in Form eines Rituals geteilt: Man reicht eine Kalebasse, ei-nen kleinen Becher mit einem Edelstahlstrohhalm (Bombilla), herum. Letzterer endet in einer Spiralspindel, damit die Blätter nicht irrtümlich eingesaugt werden. Auf Herpes oder Maul- und Klauenseuche wird gepfiffen, jeder nimmt die Bombilla in den Mund. Zeremonienmeister ist derjenige, der die Thermoskanne mit heißem Wasser hält und die Kalebasse ständig neu aufgießt. »Die Kalebasse ist kein Mikrofon«, klatschte Norma in die Hän-de. »Soll heißen: Lasst den anderen nicht zu lange auf seinen Mate warten. Man trinkt zügig und gibt die Sache dann weiter.«

Nach Abschluss von Normas How-to-survive-Argenti-na-Gruppe war mein Hirn randvoll mit neuen Informationen – und wollte nur noch eines: schlafen. Stundenlang lag ich im Bett und fühlte mich wie ein Eichhörnchen auf Speed. Das Koffein im Mate-Tee. Mist. Ich begann langsam zu verstehen, warum in Buenos Aires keiner vor 21 Uhr essen geht, sogar Neunzigjährige krebsen weit nach Mitternacht noch fidel auf den Straßen herum. Am Ende machte ich mir eine Notiz für den nächsten Tag: Mate-Tee kaufen und vor dem Ausgehen trinken. Buenos Aires – eine Stadt mit Open End. Uff. Ich bin zu alt für den Scheiß.

DER KOFFER DER
Unvernunft

Hier bitte, the *ugly truth*, die ungeschönte Auflistung jener Klamotten, die mit mir in die Welt starteten. Die Korrekturen, die unterwegs nötig waren, sind vermerkt. Über die Kosmetika lasse ich mich nicht weiter aus, es wäre mir zu peinlich. Man stelle sich einfach das Notwendigste – Deo, Zahnbürste, Gesichtscreme, Bodylotion, Seife – mal zehn vor.

KLEIDUNG

- ~~1 Biker-Lederjacke~~
  Geisteskrank! Wurde bei meinem sechsten Stopp, in Rio, entsorgt. Zu heiß, zu schwer!
- 1 Jeansjacke
- 1 schwarzer Outdoor-Parka mit Kapuze
- 1 leichte Strickweste
- ~~2~~ 1 Paar Röhrenjeans
  Nach Hause geschickt. Eine lange Hose reicht in warmen Gefilden!
- ~~3~~ 1 Paar Shorts
  Ich bin ein Kleidermädchen, meine Beine sind zu stämmig für ultrakurze Hosen, und außerdem stehen die Dinger Teenagern besser als mir.

5 schwarze T-Shirts

0 2 weiße T-Shirts
In Myanmar entsorgt. Gelbe Deo-Flecken,
Grauschleier, muss ich mehr sagen?

1 langärmeliges Streifen-Top

3 Tank Tops

6 Paar Socken

10 Unterhosen

5 6 BHs (1 x schwarz, 1 x weiß, 1 x nude, 1 x herzeigbar,
1 x trägerlos – meine Freundinnen haben gelacht,
aber ich konnte logisch begründen, warum ich die
alle brauche.) Beim schwarzen BH brach der Bügel
in San Francisco – ab in den Müll!

6 5 Maxikleider Sorry, war shoppen.

2 5 Chiffon-Blusen
(Wiegen quasi nix) Radikal ausgemistet.

1 3 Chiffon-Kimonos
(Verdecken das gebärfreudige Becken in Jeans)
Zwei Teile nach Hause geschickt, braucht
kein Mensch, ich trage ja eh kaum Jeans.

3 Bikinis

2 Paar schwarze Leggings

1 Sarong (Muss als Strandtuch oder Strandkleid dienen)

1 Strandüberwurf (Falls der Sarong verloren geht)

2 Laufleggings (wegen, ähm, Sport)

2 Laufshirts

1 Kapuzenpulli

2 schnelltrocknende Reisehandtücher
Nach Hause geschickt, waren ein Abschiedsgeschenk
lieber Arbeitskollegen, so etwas wirft man nicht weg.

TASCHEN & ACCESSOIRES

1   ~~faltbare, schwarze Allzwecktasche aus Stoff~~
     Kaputt gegangen in Sydney, Riesenloch!
1   **Handtasche aus Bast**
1   **dünne schwarze Lederhandtasche** Zu schwer.
1   **kleiner Tagesrucksack**
1   ~~Pacsafe~~ (Eine nicht zu zerschneidende Tasche dank
     innenliegendem Maschendraht, kann mit Zahlen-
     schloss ans Bett angekettet werden). Einem Tinder-
     Date geschenkt. Der Typ konnte es besser gebrau-
     chen als ich.
3   **Sonnenbrillen** Tussi-Alarm!

SCHUHE

1   **Paar Flip-Flops**
2   **Paar flache Ledersandalen**
1   ~~Paar Chucks~~
     In Tokio mit Freude entsorgt, zu unbequem.
1 ~~2~~ **Paar Sneakers** (Ein Paar zum Rumlatschen, das
     andere zum Joggen) Zähneknirschend eingestan-
     den: Man braucht nur ein Paar für beides.
3 ~~1~~ **Paar Espadrilles** Sorry, war shoppen!
1   ~~Paar Ballettschläppchen~~ (Das wahrscheinlich
     unvernünftigste Gepäckstück. Ich habe vor einem
     Jahr damit angefangen, und auch wenn ich die un-
     geschickteste Tanzmaus meiner Gruppe war,
     wollte ich weitermachen) Nach Hause geschickt.

8

REALITÄTSCHECK
UND WARUM DIE WELT EIN DORF IST

Rio de Janeiro, Brasilien
März
Zurückgelegte Distanz:
49 258 KILOMETER
(plus 15 120 Kilometer extra für einen Realitätscheck)

Von Brasilien träumte ich zum ersten Mal in jenem Sommer, in dem ich zehn Jahre alt wurde. Ich weiß noch, ich verbrachte damals viel Zeit im öffentlichen Schwimmbad meines Heimatorts, und auf dem Handtuch neben mir lag meist Natascha, die Tochter einer Bekannten meiner Mutter. Sie war zwei Jahre älter als ich, hatte schwarze Haare, die bis zum Hintern reichten, und das, was ihre Mähne nicht verdeckte, legte ein pinkfarbener String-Bikini frei. Immer wenn Natascha zum Eisverkäufer spazierte, wurde es ganz still auf den Pritschen rundherum. Die örtlichen Sittenwächter schnappten nach Luft, die jungen Burschen gafften mit offenen Mündern und drehten sich dann, einer nach dem anderen, verschämt auf den Bauch um.

Natascha kümmerte sich wenig darum. »Alle tragen bei mir daheim in São Paulo solche Bikinis«, erklärte sie achselzuckend, um dann juchzend eine Arschbombe vom Sprungturm hinzulegen. Ihre Mutter war Deutsche, ihr Vater ein brasilianischer Profi-Basketballspieler. Jedes Jahr reiste die Familie nach Europa, um Freunde zu besuchen.

In diesem Sommer hatte sie oft zu mir gemeint: »Du *musst* zu mir nach Brasilien kommen. Du bist blond (damals war ich das tatsächlich, ganz ohne Wasserstoff), du hast blaue Augen, die Jungs werden alle auf dich fliegen.«

Wenn man zehn und früh pubertierend ist, geht das runter wie Öl, zumal die Burschen in meinem Kaff alles andere als nett zu mir waren. Dass ich pummelig war, Waltraud hieß und mein Vater obendrein als Metzger arbeitete, war nicht die beste Flirt-Ausgangslage in der Provinz. Fortan fantasierte ich also von Südamerika. Irgendwann war ich überzeugt davon, dass jeder Junge mir dort den Hof machen würde. Weil: Ich war blond, ich hatte blaue Augen, ich wäre der Superstar.

Meine Eltern sahen das anders. Ein Flug sei finanziell nicht drin, meinten sie und verwiesen auf die Existenz meiner drei Geschwister. Insgeheim glaube ich, sie hatten Lunte gerochen. Insofern mussten fast drei Jahrzehnte ins Land ziehen, bis ich es endlich nach Brasilien schaffte.

Auch wenn ich jetzt seit gut zwanzig Tagen in Rio de Janeiro bin: Dass die Brasilianer wegen mir groß ausflippen, habe ich bislang nicht bemerkt. Vielmehr denke ich: Warum sollten sie überhaupt? Die haben wundervolle Frauen hier. Wobei zum Glück nur 0,01 Prozent wie Gisele Bündchen oder schönheitschirurgisch optimierte Klone aussehen. Es gibt erstaunlich viele »normale« Exemplare, mit Schwabbelbäuchlein und Orangenhaut im String-Bikini (Badeanzüge sieht man hier nicht). Da falle ich als Gringa mit Schwabbelbauch und Orangenhaut nicht weiter unangenehm auf.

Rio ist ein schräger Kontrast aus schick und Hat-auch-schon-mal-bessere-Zeiten-gesehen. Spacige Oscar-Niemeyer-Architektur trifft auf Plattenbau. Party-Jetset meets Bandenkrieg-Favela. Die einen löffeln vermeintlich hypergesunden Açaí – der gezuckerte, gefrorene Amazonasbeerenbrei ist an jeder Ecke zu finden –, die anderen schlagen sich in sogenannten Kilo-Restaurants mit gegrilltem Fleisch die Bäuche voll, abgerechnet wird dort nach Gewicht der aufgeladenen Speisen. Cristo Redentor, die Jesusstatue auf dem Corcovado, kann ich von fast überall aus sehen.

In Downtown sind die alten Prachtbauten der einst aus Portugal geflohenen Königsfamilie von schnell und billig errichteten Hochhäusern eingezäunt. Ich selbst bin das Girl aus Ipanema, meine angemietete Einzimmerwohnung liegt drei Straßenblocks vom legendären Strand und seinen kleinen Kokosnuss- und Caipirinha-Verkaufsbuden entfernt. Jeden Tag gehe ich mit aufgepumpten Beachboys an der mosaikgepflasterten Promenade laufen, von Posto 8 bis Posto 12. An den Postos arbeiten Rettungsschwimmer. Man kann hier auch Fächer zum Verwahren von persönlichen Dingen anmieten, die offizielle Empfehlung der Stadt lautet: keine Smartphones, kein Bling-Bling und um Himmels willen keine Geldbörsen am Strand.

Um an die Copacabana zu kommen, brauche ich sieben Minuten zu Fuß. Vor einigen Tagen habe ich auf dem Weg dorthin einen Crashkurs in Sachen »Hirn einschalten!« erhalten: Als ich auf eine grüne Ampel wartete, um die Straße zu überqueren, brauste plötzlich ein Motorradfahrer an den Gehsteig heran und entriss der neben mir stehenden Frau die Tasche. Einen billigen Stoffbeutel, um genau zu sein. Ich persönlich hätte mir das hochwertigere Modell gekrallt, die Gute hatte noch eine Lederhandtasche umhängen. Aber jeder, wie er meint.

»Soll ich die Polizei rufen?«, fragte ich atemlos auf Englisch. »Ich habe mir zwei Ziffern des Nummernschilds gemerkt.«

»Danke, aber das bringt nichts. Die Nummerntafel war wahrscheinlich gefälscht«, murmelte die Frau, eine Carioca.

Sie ging weiter, als wäre nichts passiert. Ich blieb verdattert zurück. Bevor sie um die Ecke verschwand, rief sie mir noch zu: »Warten Sie nie direkt an der Straßenkante, Senhora. Sie haben ja gesehen, was passieren kann.« Es war, als würde dieser Satz mich von einer Blinden in eine Sehende verwandeln. Egal an welche Kreuzung ich danach kam, die Fußgänger standen jedes Mal in respektvollem Sicherheitsabstand zur Straße. Ein ungeschriebenes Gesetz der Stadt, das alle kannten. Warum zur Hölle hatte mir das vorher keiner gesagt?

Nun gut. Streetsmartness – abgehakt. Rio scheint überhaupt ein sehr lehrreicher Boden zu sein. Keine Ahnung, was es mit dieser Stadt auf sich hat, aber ich habe mich dank ihr nicht nur einem Realitycheck gestellt und eine wichtige Lektion in Sachen Demut gelernt, ich habe auch erfahren, dass die Welt offenbar ein oberösterreichisches Dorf ist. Aber der Reihe nach.

Beginnen wir mit dem Realitätscheck. Rio ist meine sechste Destination, da schien eine Zwischenbilanz nicht ver-

kehrt zu sein. Hatte mich diese Reise verändert? War der innere Kontrollfreak weg und ich weltenbummlerisch tiefenent-
spannt? Hmmm. Die Wahrheit lautete, ich wusste es nicht.
Aber ich ahnte, wo ich die Antwort finden könnte, nämlich
zehn Flugstunden weiter nördlich, in New York City, jener
Stadt, die bislang das Schlimmste in mir hervorgeholt hatte.
Dazu muss man wissen: Ich liebe den Big Apple, ich habe dort
mal gearbeitet, gute Freunde leben in der Stadt. Aber kaum
speit mich der JFK-Flughafen aus, werde ich zum nimmersatten
Monster. Ich will alles haben. Alles kaufen. Ich will gefallen.
Ich will nicht ich, sondern eine schlankere, straffere und
erfolgreichere Version von mir selbst sein. New York inspiriert
mich, »If you can make it there, you can make it anywhere«, sang
schon Sinatra. Der Song stachelt aber auch unbewusst an:
»Streng dich mehr an, du Loser!«

Da der Geburtstag meiner Freundin Tina bevorstand –
jener Frau, die in New York lebt und mich in San Francisco
spontan besucht hatte –, dachte ich: Was soll's, ich fliege als
Birthday-Überraschung zu ihr hin, und buchte ohne Blick auf
die Reisekasse einmal Rio – New York und zurück für drei
Tage. Es war das Unvernünftigste, was ich seit Langem getan
hatte. Ich war hirnrissig weit von meiner Route abgewichen,
hatte 400 Euro für ein Flugticket ausgegeben und obendrein
war es arschkalt an der Ostküste der USA. Rio de Janeiro:
31 Grad Celsius. New York: antarktische vier Grad Celsius.
Von Tinas Garderobe passten lediglich ein ausgebeulter
Kapuzenpulli und ein verschlissener Mantel, doch mein
»neuer Stil«, wie ihn eine Bekannte erschreckt nannte, war
mir erstaunlich egal.

Als auf der Party meiner Freundin die anderen Gratulan-
ten von ihren tollen Jobs erzählten und mich fragten: »Was
wirst du nach deiner Reise arbeiten?«, antwortete ich wahr-
heitsgemäß: »Keine Ahnung.« Innerlich blieb ich dabei ganz ruhig. Am nächsten Tag konnte ich an einem 70 Prozent reduzierten Kleid zwar nicht vorbeigehen, das könnte keiner (Hallo? Minus s-i-e-b-z-i-g Prozent!), aber ich schwöre, ich habe
sonst nichts weiter gekauft. Ich brauchte nichts. Ich wünschte
mir nichts. Ich wollte zum ersten Mal in meinem Leben nicht
in New York dazugehören. Mehr noch: Ich freute mich unbändig, zurück nach Rio zu kommen, und ich freute mich auf die
vielen Stopps, die noch vor mir lagen. Als ich wieder im Flieger
Richtung Brasilien saß und meine Rechnungsbelege durchsah
– U-Bahn, Rabatt-Kleid, Pizzeria, Taxi –, plauderte ich kurz
mit der Frau neben mir. Businesskostüm, dunkle Haare, ge-
stresste Haut und müde Augen.

»Nur zweiundsiebzig Stunden in New York?«, fragte sie.
»Beruflich?«

»Nein, aktuell habe ich keinen Job. Ich bin gefahren, um
zu sehen, ob ich noch ich bin.«

»Aha.« Sie zog unmerklich die Augenbrauen hoch, verbuchte mich als Eso-Braut mit persönlichen Problemen und
klappte dann demonstrativ ihr Buch auf.

Ich lehnte mich zufrieden zurück. Die 700 Euro, so die erste Überschlagsrechnung, würden mir fehlen, sehr sogar. Aber
manchmal musste man etwas tun, das keinen Sinn machte, um
zu sehen, dass schon alles seinen Sinn hat. Beim Landeanflug auf
Rio de Janeiro war mir klar: Ich war nach wie vor ich, nur entspannter, und so mochte ich mich irgendwie auch lieber.

»Du bist allen Ernstes für eine Geburtstagsparty zehn Stunden von Rio nach New York geflogen?«, fragte mich Richard am nächsten Abend im Felice, einem kleinen Restaurant in Ipanema.

Richard ist Kanadier, studierter Ingenieur und ein Tinder-Match. Seine Firma hatte ihn beruflich in Rio stationiert, er bot sich als englischsprachige Ausgehbegleitung an (mein Portugiesisch ist so grandios wie mein Spanisch), außerdem klang er verdammt lustig. Als ich fragte: »Wie erkenne ich dich an der U-Bahn-Station? Dein Tinder-Foto könnte hundert Jahre alt sein«, schrieb er mir via WhatsApp zurück: »Du wirst mich erkennen, keine Sorge. Auch wenn ich mir gerne einbilde, dass ich wie ein Brasilianer aussehe, sagen die Cariocas, ich steche optisch wie ein entzündeter Daumen hervor. Halte nach dem blassesten Typen Ausschau, den du finden kannst.«

»Gut zu wissen. Du solltest mich ebenfalls leicht erkennen: Ich trage eine Burka«, tippte ich zurück und nahm Bezug auf mein schwarzes Maxikleid. Kein sexy Kleid, sondern ein züchtiges, hochgeschlossenes »Ich-kann-so-viel-essen-wie-ich-will«-Wohlfühlkleid. Wir hatten bei der Begrüßung viel zu lachen.

Als er mich auf meinen Hals-über-Kopf-New-York-Trip ansprach, nickte ich nur und meinte: »Es ging nicht wirklich um die Geburtstagsparty, sondern um mich.« Dann leierte ich fast gelangweilt-routiniert meine Geschichte herunter. Safari in Tansania, Haitauchen in Südafrika, böse Yuppies in San Francisco, Hawaii, ach Hawaii ... Ich konnte meine Kennenlern-Ansprache fast auswendig. Ich hatte mich daran gewöhnt, dass die Typen beeindruckt von meiner Route waren. Ich fand Gefallen daran, mich als Frau von Welt zu inszenieren, die dem Hamsterrad entkommen war und dem Ruf der Freiheit folgte. Wenn ich ehrlich bin: Ich war arrogant.

Richard schmunzelte. »Tansania und Kapstadt, ja? Ich kenne beides.«

»Von einem Urlaub?«

»So ähnlich.«

Eine Stunde später musste ich zähneknirschend zugeben: Ich wusste nichts von der Welt. Oder jedenfalls nicht annähernd so viel wie Richard. Der durchtrainierte Typ mit der perfekten Nase und den freundlichen blau-grauen Augen war mit seinen einundvierzig Jahren sage und schreibe dreimal (!) um die ganze Welt gereist. Mit einem Land Rover tuckerte er quer durch sämtliche afrikanischen Staaten, dann wieder tourte er durch halb Indien. Eine verrückt-visionäre Tante hatte ihn mit achtzehn quasi dazu genötigt, seine Heimatstadt und seine Komfortzone zu verlassen. Danach war er mit dem Reisevirus infiziert. Egal welche Destination ich nannte, Richard war schon dagewesen. Er gab Weisheiten von sich wie: »Nach sechs Monaten fällt jeder Weltreisende in ein Loch.« Er gestand seine neurotischsten Travel-Ticks: »Ich verstecke meine Zahnbürste im Hotel immer. Ich will nicht, dass die Putzfrau damit bösartig die Toilette schrubbt«, und zeigte vollstes Verständnis für meine Abneigung gegen Hostels: »Für Jugendherbergen bist du absolut zu alt.« Ich protestierte nicht. Im Gegenteil. Ich jubelte innerlich. Heureka! Ich hatte meinen Lehrmeister gefunden. Endlich jemand in meiner Altersklasse! (Und er sah auch noch gut aus.) Die zwanzigjährigen Backpacker, die ich bisher getroffen hatte – älter schien kaum ein Weltreisender zu sein –, wollten stets nur über billiges Bier und *Lonely-Planet*-Empfehlungen reden. Sie gaben mir das Gefühl, ich wäre tussig und steinalt (vielleicht ist der Konjunktiv hier falsch angebracht, vielleicht stimmt's ja auch). Richard war der Beweis, dass man selbst im biblischen Alter von über vierzig die Strukturen seines Alltags und die materialistischen Ziele in Frage stellen darf, ohne gleich ein abgespaceter Hippie zu sein. Er hatte sich einen Job gesucht, in dem er mehrere Monate blockweise arbeitet und danach eine längere Phase frei hat.

Obwohl wir uns gerade erst kennengelernt hatten, fühlte ich mich zum ersten Mal seit dem Beginn dieser Weltreise wirklich verstanden. Okay, ich fühlte mich auch ein bisschen dumm, im Vergleich zu Richard war ich ein geografischer Neandertaler – aber diese Demut tat gut. Und als er mich nach sieben Stunden Dauerreden um vier Uhr früh zu meiner Wohnung eskortierte und plötzlich leidenschaftlich küsste, waren wir zumindest wieder auf Augenhöhe.

»Komm rein«, lachte ich und öffnete die Tür zu meiner Wohnung und ein bisschen auch die zu meinem Herzen. »Heute ist Samstag, wir können ausschlafen und später weiterreden.« Und das haben wir. Ich glaube, ich habe noch nie mit einem Mann so viel geredet. Richard plapperte in einem fort, eine Reiseanekdote jagte die nächste. Und dazwischen: viel Nähe. Viel Vertrautheit. Viel Gutes. Nach achtundvierzig Stunden musste er zurück an seinen Schreibtisch, und ich widmete mich wieder dem Stadterkunden. Und weil ich oben kurz von Demut gesprochen hatte: Demütig machte mich vor allem der Besuch einer Favela in Rio. Nicht in alle Armensiedlungen kann man gefahrlos reinmarschieren. Aber es gibt befriedete

Favelas, in denen sich die Polizei mit den Bewohnern arrangiert hat. Rocinha ist so eine befriedete Gemeinde – und bietet obendrein ein spektakuläres Panorama über die Stadt. Ein alter Mann hat das sogar zu einem Geschäft gemacht. Tagein, tagaus hockt er auf seinem Plastikstuhl und verlangt zwei Real, umgerechnet rund 50 Cent, als Eintrittspreis, um von seinem Flachdach aus einen fast malerisch anmutenden Ausblick auf die Favela zu genießen. Rocinha selbst beherbergt zwischen 100 000 und 200 000 Menschen – genauere Zahlen gibt es nicht – auf engstem Raum. Auch Ausländer, Amerikaner, Deutsche und Engländer, leben hier. Die Mieten sind billig, und wenn man keinen Mist baut oder den Drogenbaronen das Revier streitig macht, passt die Community auf einen auf.

Den brasilianischen Steuerzahlern sind die Favelas ein Dorn im Auge. Um Epidemien vorzubeugen, finanziert die Stadt Rio die Müllabfuhr und ein Krankenhaus. Das verbessert die Lebensbedingungen zwar, aber das System der Armensiedlung wird dadurch nicht verschwinden. Wo sollen die Millionen Favelados – ein abschätziger Begriff für die Bewohner – auch hin? Sogar die schärfsten Kritiker haben mittlerweile erkannt: Die Nutzung der illegal errichteten Strukturen kommt billiger als Umsiedlungen. Außerdem braucht die Stadt, wie jede Millionenmetropole dieser Welt, ihre billigen Arbeitskräfte, um zu funktionieren. Die nicht angemeldeten Haushälterinnen, die Putzfrauen, die Schwarzarbeiter, die kleinen Drogendealer. In der Zona Sul – der blank polierten Gegend von Copacabana, Ipanema und Leblon – will sich keiner mit dem Rauschgifthandel die Finger schmutzig machen. Man konsumiert dort nur fleißig.

Ein grauer Oktober-
Nachmittag am Flug-
hafen in Wien. Es geht
los. Viel Schwarz.
Viel Herzklopfen.
Zu viel Gepäck.

Mit Herzklopfen einmal um die Welt

Ende Dezember. Warten auf den Sonnenuntergang am
Waikiki Beach auf Hawaii. Mit Hunderten anderen
Leuten. Der Horizont ist weit genug zum Durchatmen.

Erster Stopp: Tansania. Hello,
Afrika! Daheim ist es grau und
kalt, hier scheint mir die
Sonne ins Gesicht.

OKTOBER–DEZEMBER
Tansania * Kapstadt * San Francisco

**MEIN ERSTES
DAHEIM
WEG VON
DAHEIM**
In meiner Bleibe in
der tansanischen
Einöde gibt's kein
warmes Wasser, viele
Spinnen und nachts
heulen die Hyänen.
Ich hab's geliebt.

Wer Afrika sehen will, nimmt
den Bus. Das Be-und Entladen
dauert ewig. Alles und jeder
muss mit.

WILLKOMMEN IN SÜDAFRIKA

Diese Landschaft! Das Meer! Die Leute! Phil, mein Tinder-Fundstück, gab den Reiseführer (ganz freiwillig, ich schwöre!). Im Kapstädter-Township Imizamo Yethu führte mich Thobeka rum.

San Francisco. Richtig warm geworden bin ich mit der Stadt nicht. Und das lag nicht nur am arschkalten Wetter und den steilen Straßen.

MAGISCHE WÄLDER
Lianen, uralte Bäume, wild wachsendes Grün. Und plötzlich der Wunsch, auf jeden Baum zu klettern.

JANUAR
Hawaii-Inseln

MEIN INSEL-REICH
Hawaii war mal ein Königreich. Schilder erinnern heute noch daran. Ich fühlte mich hier jeden Tag wie im Märchen. Die Inseln machen's einem aber auch leicht.

PARADIE-SISCH
Postkar-ten-Strände überall. Und: Blumenkränze. Die Dinger gibt's in den Kühltheken der Supermärkte.

Ka Lae, am südlichsten Punkt der USA auf der Hawaii-Insel Big Island. Mein Steineturm hält. Mögen die Götter auf der weiteren Reise mit mir sein.

Reitstunden, ein Kochkurs
und Selfies mit Jesus im christ-
lichen Vergnügungspark Tierra
Santa (ja, so was gibt's).

FEBRUAR–MÄRZ
Buenos Aires
& Rio de Janeiro

EIN MUSS IN RIO
Eine Fahrt mit der legendären Straßen-
bahn Santa Teresa („Bonde" genannt) in
Rio. Man kann ja nicht aus seiner
Touri-Haut raus.

Verquere Welt: Den
besten Ausblick auf Rio
hat man von den Favelas
aus. Warum? Weil diese
in den Hügeln rund um
Rio liegen – und traum-
hafte Panoramen bieten.

**BILDUNGS-
REISE :)**
Ich habe gelernt: Die
spacige Architektur
stammt von Oscar
Niemeyer. Rio hat ei-
nige Bauten von ihm.
Und die Jungs aus der
Favela Roncinha wa-
ren zwar sehr be-
müht, aber den Sam-
ba kriege ich bis heute
nicht elegant und
hüftschwingend hin.

Ausflug zur Ilha Grande, der berühmtesten Insel
Brasiliens. Das Blumenkleid sitzt.

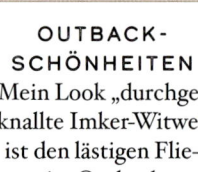

OUTBACK-SCHÖNHEITEN

Mein Look „durchgeknallte Imker-Witwe" ist den lästigen Fliegen im Outback geschuldet. Am Wegesrand: eine stachelige Echse, genannt Dornteufel oder Moloch horridus.

APRIL–MAI
Australien ✶ Tokio & Hiroshima

FISCH ZUM FRÜHSTÜCK

Am Tokioter Fischmarkt gab's schon um 9 Uhr früh Fisch zum Frühstück. Das beste Sushi, das ich je gegessen habe.

ZUM ANBETEN
Tempel in Japan –
kennst du einen,
kennst du keinen,
jeder fühlt sich ir-
gendwie anders an.
Gilt auch fürs Es-
sen. Ich habe mich
genüsslichst durchs
Land gefressen.
Und nein, meine
Körperwaage und
ich bereuen nichts.

MAI
Rangun * Bagan & Mandalay

ESSEN UND BETEN

In Myanmar gab's die besten frittierten Shrimps. Und so viele Tempelbesuche, dass ich quasi das Fegefeuer umgehen und direkt in den Himmel kommen kann.

YOU ARE NOT ALONE
In Burma kam mich meine beängstigend kluge Schwester besuchen. Was gut war. Sie weiß, wie man Motorrad fährt, und ist mit mir auf dem Sozius sicher durch Bagan gebrettert.

LEISE & LAUT IN THAILAND

Meditierend an einem thailändischen Strand. Im Elefantencamp herrscht keine Ruhe. Wenn die Dickhäuter Hunger haben, hört man das auch.

JUNI–JULI
Laos * Thailand & Indien

INDIEN

Das Essen sieht toll aus. Ich mochte es nicht. Zu undefinierbar. Zu viele Gewürze. Und das Taj Mahal? Kleiner als gedacht. Okay, ich bin verwöhnt, daheim stehen zehnmal größere Prunkbauten rum.

NEUE EINDRÜCKE AN JEDER ECKE

Fremde Gerüche auf dem Gewürzmarkt. Shrimps-Fischen am Meer. Atemberaubend schöne Paläste und Tempel. Geistiger Overload. Mitunter lag ich nur erschöpft rum und gab meinem Hirn von Indien eine Pause.

. . . .

HELLO IN HELSINKI
Mmmh! Das Café Regatta – nicht größer als eine Sauna und vollgerammelt mit allerlei Trödel und Kitsch – serviert täglich warme Zimtschnecken.

JULI–SEPTEMBER
Helsinki * Marrakesh & Lissabon

LISSABON, MEU AMOR!
Sogar die Sardinendosen sehen hier hübsch aus.

. . . .

LANGSAME EIN-GEWÖHNUNG IN EUROPA

Ich hätte noch monatelang durch diese wunderbare Stadt und ihre aalglatt gepflas-terten Straßen laufen können.

Hallo Wien, da bin ich wieder!

Nach elf Monaten auf Reisen holte mich die beängstigend kluge Schwester vom Flughafen ab. Anstoßen in meiner Wohnung, Schampus, großes Hallo. Ich lächle, bis das Zahnfleisch leuchtet. Und hoffe, dass keiner sieht, dass ich neben mir stehe. Einatmen. Ausatmen. Wird sich schon alles fügen.

Das Schrägste an der Favela war aber mein Tour-Guide. Die Führung hatte ich über WhatsApp bei Igor gebucht, einem in Rocinha lebenden Typen. WhatsApp ist groß in Südamerika, man kann ganze Geschäfte über den kostenlosen Nachrichtendienst abwickeln.

»Tomorrow 10 a.m.«, bestätigte Igor meine Anfrage binnen Minuten. »Ich kann die Tour nicht selbst machen, aber ich schicke euch meinen Guide Gareth vorbei.«

Und genau dieser Gareth begrüßte mich dann braun gebrannt, sechsundzwanzig Jahre alt, mit schickem Undercut und in feinstem Österreichisch. Mehr noch: Gareth sprach den Dialekt meines Heimatbundeslands. Nicht Tirolerisch. Nicht Wienerisch. Nicht Steirisch. Sondern Oberösterreichisch! Ein Favela-Guide aus der Nähe von Linz?

»Du bist Gareth?«, fragte ich ungläubig.

»Ja. Meine Mutter stammt aus Südafrika. Daher der englische Name.«

»Und du bist wirklich fünfzig Kilometer von meinem Elternhaus aufgewachsen?«, nahm ich ihn weiter ins Verhör.

»Offenbar.« Gareth nickte. »Die Welt ist ein Dorf.«

»Und wie kommt einer wie du in die Favela?«

»Ich habe Portugiesisch ein paar Semester an der Uni gelernt«, gab der diplomierte Sportwissenschaftler geduldig zu Protokoll. »Vergangenes Jahr war ich für ein Sozialprojekt in Rio und habe mitten in Rocinha gewohnt. Ich habe dort viele Freunde gefunden, also bin ich zurückgekehrt. Igor ist quasi mein Chef. Langfristig plane ich aber, mein eigenes Tour-Guide-Business in Rio aufzubauen.«

Als ich nicht mehr den Verdacht hegte, ein Opfer von *Vor-*

sicht Kamera zu sein – ich meine, wer würde sich schon die Mühe machen und einen Oberösterreicher als Favela-Experten inszenieren? –, erkannte ich: Igor hatte den besten Mann geschickt, den er schicken konnte. Denn Gareth betrachtete die Favela mit »meinen« Augen, er hatte sich die gleichen Fragen wie ich gestellt und konnte entsprechend Auskunft geben.

»Siehst du das kleine Geschäft da drüben, wo sich die Getränkedosen bis auf den Gehsteig stapeln?« Gareth zeigte auf einen Mini Mart. »Es hat vierundzwanzig Stunden geöffnet. Der Besitzer hat kein Lager. Und damit nichts gestohlen wird, ist er gezwungen, die ganze Zeit über auf zu haben.« Er erklärte mir, wie man ohne Postanschrift – in den Favelas gibt es keine offiziellen Straßennamen, sogar auf Google Maps sind die Siedlungen anonyme Felder – trotzdem seine Briefe erhält. »Man unterteilt die Favela in Buchstaben-Sektionen. Die Post wird dann in den Shops, die in die jeweilige Zone fallen, abgeliefert. Alles liegt in einer Kiste, die Bewohner schauen regelmäßig die Sendungen durch, ob etwas für sie dabei ist.« Und er wusste Bescheid um das Spiel mit der Polizei. Ist die Exekutive im Anmarsch, lässt man am Rande der Siedlung Drachen steigen. Damit all jene gewarnt werden, für die eine Razzia das Aus bedeuten würde. Die verschiedenen Farben der Drachen sind Mitteilungen, geheime Botschaften, in den Himmel geschrieben.

Auf dem Nachhauseweg, der direkt durch die mit Stacheldraht gesicherten Villen von Gávea führt, geriet ich ins Nachdenken. In Rio liegen arm und reich, schön und hässlich, heiße Samba-Rhythmen und politisches Protestgeschrei nah beieinander. Die Stadt ist mühsam, emotional oft anstrengend, aber ich fühle mich definitiv am Leben hier. Das liegt einerseits an meinem kanadischen Weltreise-Guru Richard. (Okay, ich geb's zu, mich hat's ein bisschen erwischt, und dass ich mir das erst jetzt eingestehe, zeigt, wie wichtig mir die Sache ist. Ich will's aber nicht verschreien. Ich mag das Kuscheln beim Aufwachen und die stundenlangen Gespräche auf seinem Balkon mit Blick aufs Meer. Und ich empfände es als Verrat, mehr an dieser Stelle mitzuteilen. Man möge mir diesen Egoismus verzeihen.) Andererseits merkt man in Rio, wie schnell alles vorbei sein kann. Der Taschenraub am helllichten Tag. Die Bandenkriege. Zika-Virus-Infektionen. Hier lernt man das Leben lieben. Und sich selbst. Wobei: So weit, dass ich mich und meinen Hintern in einen String-Bikini quetsche, geht die Selbstliebe dann doch nicht. Das wäre wohl eher heillose Selbstüberschätzung.

Tindering around
THE WORLD

Was Tinder-Fotos
über das Leben am jeweiligen Stopp verraten

KAPSTADT

Erster Eindruck: Naturburschen

Was dahintersteckt: Der Südafrikaner liebt staubige Road-trips, Wildkatzen und seilt sich vorzugsweise vom Tafelberg ab.

Gut zu wissen: Der Kapstädter traut Taxis nicht. »Ich bring dich heim« – das wird oft angeboten und ist harmlos. Mann ist dazu erzogen worden, dass das Gegenüber sicher nach Hause kommt.

Diese Wörter sollte man kennen: 1. Lekker. Wird in Afrikaans für »köstlich« verwendet, aber auch für »sehr«. South Africans are lekker sexy. 2. Izit? In Kapstadt klingt alles, als würde man es hin-terfragen, ständig hört man »Is it?«. Die meinen das nicht so, das suggeriert nur Interesse, ähnlich wie »Ah ja«.

SAN FRANCISCO

Erster Eindruck: Der Traum eines jeden Headhunters – alle Kandidaten sind jung geblieben, dynamisch-sportlich, erfolg-reich und haben ein perfektes Gebiss.

Was dahintersteckt: Bei den Profilangaben geben auffällig viele Leute ihren Job preis. Man kann ja nie wissen, wofür eine Verbindung gut ist. Perfekt für Frauen mit Stalker-Ambitionen.

Gut zu wissen: Dates beginnen früh und dauern nicht lang. Man muss am nächsten Tag wieder arbeiten.

Diese Wörter sollte man kennen: FMA (First-Mover Advantage), Gamify, IP (Intellectual Property). Am besten, man lernt den kompletten Jargon der Start-up-Welt auswendig.

HAWAII

Erster Eindruck: Wer nicht surft, schmust zumindest fürs Foto Hundewelpen und Delfine ab.

Was dahintersteckt: Die Botschaft »Ich stelle jede Welle über eine Frau« beziehungsweise »Ich weiß, was Frauen wollen«.

Gut zu wissen: Wenn er sagt: »Lass uns unter einem Regenbogen schwimmen«, meint er das auch so. Auf Hawaii gibt es überall Regenbogen.

Diese Namen sollte man kennen: Duke Kahanamoku (Surf-Legende aus Honolulu) und Andy Irons (Surf-Legende auf Kaua'i, starb 2010 mit nur zweiunddreißig Jahren).

BUENOS AIRES

Erster Eindruck: Wer ist hier wer? Der Argentinier zeigt sich gerne im Rudel. Auf den Fotos wimmelt es nur so von Freunden, Ex-Freundinnen, Kindern, Tanten, Opas.

Was dahintersteckt: Die Botschaft »Ich bin ein sozialer Mensch« – und eigentlich vergeben.

Gut zu wissen: Ein Disco-Schläfchen vor dem Treffen zahlt sich aus. Man verabredet sich ab 22 Uhr oder später.

Diese Frage sollte man stellen: *¿Eres soltero o casado?* (Bist du Single oder verheiratet?) Am besten gleich mehrmals im Laufe des Abends wiederholen, in vino veritas.

RIO DE JANEIRO

Erster Eindruck: Badehosen- und Zahnspangen-Alarm

Was dahintersteckt: Einen echten Carioca, also Einwohner von Rio de Janeiro, erkennt man an seiner Badehose: eng sitzender Retroschnitt, das Gemächt gefühlvoll betont. Sich im Erwachsenenalter die Zähne korrigieren zu lassen gilt obendrein als Statussymbol.

Gut zu wissen: Der Carioca ist spontan. Dates werden für denselben Abend ausgemacht.

Diese Wörter sollte man kennen: Cachaça, Caipirinha und Caipiroska. Was anderes wird aus Nationalstolz nicht getrunken.

•••••••••••••••••

9

VERLOREN IN DER NATUR: ICH BIN EINE DUMPFBACKE

Sydney und Outback, Australien
April
Zurückgelegte Distanz:
77 978 KILOMETER

Vorweg: Meine Mutter darf aufatmen. Aus Down Under wird's keine Männergeschichten geben. Nachdem ich mich in Richard, den Kanadier aus Rio, doch ein bisschen mehr verschossen habe, als mir lieb war, habe ich die Dating-App Tinder seit meiner Ankunft in Australien nicht mehr angeworfen. Und ich gehe davon aus, dass es so bleiben wird. Irgendwie würde es sich wie Betrug anfühlen, Fotos von Typen in Badehosen durchzuklicken, obwohl weder ein Wiedersehen noch sonst etwas Herzhüpftechnisches vereinbart wurde. »Pass auf dich auf«, hat Richard nur gesagt, als er mich beim Verabschieden im Arm hielt. »Schau dir die Welt an, du hast noch so viele tolle Stopps vor dir. Wir bleiben in Kontakt.« Seitdem gehen Textnachrichten und ein paar Herz-Emojis hin und her. Und auch wenn ich prinzipiell schwer romantisch veranlagt bin und dank unrealistischer Hollywood-Schnulzen hochgradig gestörte Beziehungserwartungen hege (ich kann nicht anders, ich muss das schauen, Happy Ends sind Balsam für meine Seele): Die Hoffnung, dass zehn Tage Leidenschaft und lange Gespräche für eine gemeinsame Zukunft reichen, habe ich nicht. Okay, vielleicht habe ich sie ein bisschen. Aber ich versuche, mir die Sache zu verbieten.

Und wo wir schon dabei sind: Tinder ist gar nicht notwendig in Australien. Ich habe jede Menge gesellschaftliche Starthilfe. Sydney scheint die freundlichste Stadt der Welt zu sein. Egal, wen man trifft, jeder strahlt einen an. Mitunter beschleicht mich sogar der Verdacht, dass der Bürgermeister heimlich Psychopharmaka ins Trinkwasser mischen lässt, denn die Sonne und das samstägliche Gratis-Feuerwerk am Darling Harbour können nicht allein für die gute Laune verantwortlich sein. Mit der Freundlichkeit im Bundesstaat New South Wales geht offenbar auch die Hilfsbereitschaft einher.

Kaum war ich angekommen, trudelte schon eine Nachricht von Grant auf meinem Facebook-Account ein. Grant ist der Bekannte einer Freundin aus Wien. Sie war vor zehn Jahren selbst einmal auf Weltreise und hat es sich zur Aufgabe gemacht, mich mit Leuten rund um den Globus zu connecten. »Willkommen in Sydney! Lass mich wissen, wann du auf einen Drink gehen willst und ich dir die Stadt zeigen kann«, schrieb er. Eine Stunde später poppte eine SMS von einer gewissen Julia auf. »Hallo Waltraud, wir kennen uns nicht. Aber Grant hat mir erzählt, dass du neu in Sydney bist. Was machst du morgen? Ich reise selber viel, ich würde mich freuen, dich rumzuführen.« Ian wiederum, ein alter Freund von Richard, schlug als Treffpunkt einen Pub am Hafen vor. Ich war begeistert.

Mit Grant, dem fast zwei Meter großen Hünen mit kreisrunder Glatze und Waschbärbauch, habe ich bereits Känguru- und Salzwasserkrokodil-Pizza gegessen.

»Das Krokodil schmeckt wie Fisch, das Känguru eher wie Rindfleisch«, stellte ich fest, während ich mir noch ein Stück von Grants Krokodil-Pizza absäbelte. »Sag mal, was esst ihr in Australien sonst noch Fieses? Vogelspinnen? Heuschrecken?«

»Meat Pie«, lachte Grant. »Das ist ziemlich ekelig. Das haben wir von den Briten.«

»Apropos Briten: Sag mal, waren deine Ahnen auch Sträflinge?«, fragte ich in Anspielung auf die Gründungsgeschichte Australiens. Das britische Königreich hat verurteile Straftäter zwangsdeportiert, um mit ihnen die neue Kolonie aufzubauen.

»Nein, nicht dass ich wüsste«, antwortete Grant. »Aber du warst doch bereits im Convict Museum, oder? Da ist gut dokumentiert, dass unter den Ankömmlingen keine echten Verbrecher waren, die meisten saßen wegen Bagatelldelikten. Sie wurden für das Stehlen eines Brotlaibs ans andere Ende der Welt verschifft. Insofern: Keine Kriminellen unter meinen Vorfahren.« Grant prostete mir zu. »Cheers!« Dass er beim Verlassen des Restaurants kein Trinkgeld gab, war übrigens kein Fauxpas. In Australien sind »tips« unüblich, zumindest werden sie nicht erwartet.

Von Julia – vierzig, quirlig, Halb-Griechin und von Beruf Hebamme – lernte ich am nächsten Tag, wie man per Fähre die verschiedenen Inseln und Vororte von Sydney erreicht. Wir verstanden uns auf Anhieb und plauderten stundenlang. Als wir am Sydney Opera House vorbeischipperten, wurde mir zum ersten Mal bewusst: Die Segeldächer waren gar nicht glatt und weiß. Sie bestanden aus Tausenden gelblichen Fliesen. »Diese Fliesen haben einen Vorteil: Sie reinigen sich selbst, der Regen wäscht den Schmutz ab«, erklärte Julia und malte mir auf einer Serviette ihren Lieblingswanderweg von Coogee zum Bondi Beach auf. »Es geht sechs Kilometer an der Küste entlang, Klippen, tosendes Meer, dazwischen Naturpools, es ist malerisch schön.« Zur Beweisführung hielt sie mir ihr komplettes digitales Handyfotoalbum unter die Nase. Und mit Ian, dem Freund von Richard, redete ich über Richard. Mist. Nur keine Hoffnung hegen.

Was soll ich sagen? Ich bin in einer Art von positivem Sozialstress. Aber vor allem bin ich entspannt. Sydney ist unglaublich ruhig, es wirkt so, als hätte man in der ganzen Stadt die Lautstärke heruntergedreht. Von meiner Airbnb-Wohnung aus schaue ich auf Grün, Jogger und die Segelboote von Elizabeth Bay. Ums Eck ist das Backpacker-Viertel Kings Cross, eigentlich nicht die beste Gegend, aber ich kann in den Tattoo-Shops und den Multi-Kulti-Imbissbuden nichts Schlimmes erkennen. Überall in der Stadt schlafen Kakadus in den Bäumen, dazwischen picken krummschnabelige Ibisse im Gras. Auf dem Weg zum Botanischen Garten steht die Bronzestatue einer Katze. Sie heißt Trim und ist so etwas wie ein Nationalheiligtum – das Tier hat mit einem der Gründerväter ganz Australien umsegelt. Eine City, die ein Katzendenkmal baut, so was muss man erst einmal finden! Und kaum einer der 4,6 Millionen Einwohner will in den Innenstadt-Hochhaustürmen leben, obwohl diese von Parks und Grünanlagen umgeben sind. Das Leben spielt sich in den ruhigen Vorort-Nachbarschaften ab, dort, wo es Tennisplätze, Parkbänke und an jeder Ecke gemütliche Straßencafés gibt.

»Du wirst es lieben hier«, hatte Greg mir prophezeit, obwohl ich ihm bei unserer ersten Begegnung gleich entsetzt die Tür vor der Nase zuknallte. Denn Greg, ein verlebt aussehender Typ mit halblangen Haaren, saß mit heruntergelassener Hose auf dem Klo. Meinem Klo! Als er schließlich aus dem Bad spazierte, meinte er nur lachend: »Sorry, ich dachte, du kommst später an. Ich bin Installateur und habe schnell was repariert. Viel Spaß in Australien. Und *no worries!* So halten wir das hier.«

Worries habe ich bislang keine. Gut, hin und wieder bange ich um das Leben von Surfern. Am Bondi Beach gibt es tückische Strömungen, die Rettungsschwimmer flitzen den ganzen Tag nervös in Motorbooten umher und brüllen Anweisungen in die Menge. Während ich mich in der Sonne aale und das Treiben beobachte, denke ich manchmal: Bekomme ich genug von Australien mit? Oder bin ich schon zu entspannt, sprich zu faul?

»Was außer Sydney würdest du noch empfehlen, Grant?«, habe ich also meinen Krokodilpizza-Gönner angemailt.

»Du kennst Australien erst, wenn du im Outback warst.« Seine Lobrede auf die australische Einöde hörte gar nicht auf. Also bin ich kurzerhand für ein paar Tage in den Norden geflogen, wo ich mich der Natur und Mark stellte.

Mark ist in der australischen Wüste geboren, um die dreißig und von Beruf Elektriker. Autos reparieren, Kühe melken, Häuser bauen und Bagger fahren kann er auch, der Kerl ist handwerklich durchaus zu gebrauchen. Wenn Not am Mann ist, hilft

Mark, ein sonnengegerbter Typ mit schiefem Lachen und ordentlich Dreck unter den Fingernägeln, obendrein als Tour-Guide aus. Und es war offenbar Not am Mann, also saßen Mark, ich und vierzehn andere Outback-Touristen in einem Kleinbus von Alice Springs, der einzigen größeren Stadt im Northern Territory, in Richtung Uluru, dem heiligen Berg der Aborigines. Vor uns: 700 Kilometer flirrende Hitze, lästige Fliegen, Rinderfarmen halb so groß wie Belgien und rotsandiges Niemandsland. Weil sonst nichts mehr frei war, musste ich vorne auf dem Beifahrersitz Platz nehmen und Mark unterhalten.

»Sydney also, hm?«, meinte er, als er mich über meinen letzten Stopp ausfragte.

»Ja, ich find's super dort«, strahlte ich in bester New-South-Wales-Manier.

»Ich hasse diese Anzugtypen aus den Städten«, brummte Mark. »Die würden keinen Tag hier draußen überleben.«

Ups, da war einer nicht gut auf die City zu sprechen. Und während ich darüber nachdachte, ob ich wohl genug geerdet war, um den Überlebensanforderungen des Outback zu genügen (ich bin in einem 3000-Seelen-Dorf auf dem Land groß geworden, Tote und Kühe mitgezählt), schrie Mark nach hinten in den Bus: »Handys in den Flugmodus schalten, das spart Akku. Eine Ladestation erreichen wir erst wieder in zwei Tagen.«

»Gibt's hier gar keinen Mobilfunk-Empfang, nicht mal stellenweise?«, fragte ich, zwischen einer Kühlbox und einer Notfall-Autobatterie eingepfercht.

»Nein. Man kriegt auch keinen Radiosender rein.« Dann deutete Mark auf den zerkratzten Laptop neben ihm. »Ich hab da eine Playlist drauf. Besser als nichts.«

Mark informierte mich über die Demografie unserer Toilettenstopps (»Im nächsten Kaff leben fünfundzwanzig Einwohner und drei Kamele«) und ließ mich wissen, dass uns während der ersten Etappe der Reise wahrscheinlich zehn Autos begegnen würden, wenn überhaupt.

»Wie rufst du Hilfe, falls wir eine Panne haben?«, fragte ich.

»Ich habe ein Handy mit Satellitenempfang. Aber ich werde niemanden anrufen, wenn etwas mit dem Auto ist.«

»Warum nicht?«

»Weil's ewig dauert, bis uns jemand findet. Im Outback löst man das Problem selbst.«

»Aha«, sagte ich.

Ich fühlte mich ein wenig unwohl. Nicht weil ich Mark nicht traute. Wie gesagt, der Kerl sah recht fähig aus. Die Schwielen an seinen Händen verrieten, dass er es gewohnt war anzupacken.

Was mir Unbehagen bereitete, war eher die Tatsache, dass Mark Fahrer, Wanderführer, Tour-Guide, Koch und Mechaniker in einem war. Die nächsten 1400 Kilometer, 700 hin und 700 zurück, würde ich mich allein auf ihn verlassen müssen – und darauf, dass er auf der schier endlos gerade verlaufenden Straße nicht einschlief.

»Wann bist du heute aufgestanden, Mark?«

»Um vier Uhr früh.«

»Und wann wirst du schlafen gehen?«

»Gegen 22 Uhr, wenn das Lagerfeuer brennt und wir die Swags ausgerollt haben.« Swags sind gepolsterte und wasserdichte Schlafsäcke, man nächtigt damit unter freiem Himmel, ohne ein Zeltdach über dem Kopf.

»Und dann?«

»Wecke ich euch um 4:45 Uhr wieder auf, damit wir vor Sonnenaufgang weiterfahren.«

»Keine Angst vor Sekundenschlaf? Wirst du nie müde? Wir sind heute vier Stunden durch den Kings Canyon gewandert, du kochst und fährst obendrein die lange Strecke allein.«

»Alles gut«, grunzte er. »Ich bin kein City Boy. No worries.«

Wenig später fuhr er von der Straße ab, preschte durch den Wüstenstaub und hielt mitten in der Wildnis an.

»Alle aussteigen! Feuerholz sammeln! Und ihr kommt besser mit genügend Zeug zurück, es muss die ganze Nacht brennen.«

Ich glaube, es war die Suche nach Feuerholz, die Mark darin bestätigte, dass er mit einer Wagenladung lebensfremder Idioten durch die Pampa fuhr. Ich konnte ihm für diese Einschätzung nicht mal böse sein. Von außen betrachtet sah das Ganze so aus: Fünfzehn Touristen standen planlos im Outback. Der schwule Flugbegleiter stocherte mit einem Ast unsicher im Gebüsch herum und fragte: »Gibt es hier Schlangen?« Der Spanier brach halbherzig ein paar dürre Zweige von einem vertrockneten Baum ab und reichte sie Mark. Der Koreaner machte gar nichts, er sprühte nur seine Arme mit Lichtschutzfaktor 50 ein und schaute dann besorgt auf sein weißes Lacoste-T-Shirt. Die rote Outback-Erde geht selbst bei der 60-Grad-Wäsche kaum raus. Aus dem anberaumten Zehn-Minuten-Stopp wurde eine halbe Stunde. Ein eingerissener Fingernagel und ein blutiger Kratzer am Oberarm ließen auch mich nur wenig bemüht an der Aktion teilnehmen. Ich versteckte mich im Abseits und hoffte, dass Mark mich nicht sah. Am Ende musste er selbst ran. Er fluchte, mehr noch als mittags am Kings Canyon. Mehrfach hatte er vorher im Bus gepredigt: »Leute, aufgepasst! Jeder muss drei Liter Wasser für die Wanderung mitführen. Das schreiben die Statuten des Nationalparks vor.« Als wir am Fuße des Herzinfarkt-Pfads standen – der steile Weg heißt bei Einheimischen nicht ohne Grund so –, kontrollierte Mark jeden Rucksack einzeln. Zwei junge Frauen hatten nur eine Ein-Liter-Flasche mit. »Seid ihr lebensmüde oder blöd?«, fragte er.

»Wir können nicht drei Liter schleppen«, kam es kleinlaut zurück. »Das ist zu schwer.«

Am Ende konnten sie es doch. Und sie waren dankbar für jeden Tropfen Flüssigkeit.

Nachts, als ich in meinem Swag lag und nicht einschlafen konnte, studierte ich den Himmel. Es war eine sternenklare Nacht. Die Milchstraße konnte ich ausmachen. Den Großen Wagen ebenfalls. Und dann? Wie hießen die anderen Sterne, die da so hell leuchteten? In welcher Konstellation gehörten sie zusammen? Ich hatte keinen Schimmer – trotz Kindheit auf dem Land. Hätte ich aus dem Camp abhauen wollen, ich hätte nicht einmal gewusst, in welche Richtung ich rennen sollte. Wo war Norden, wo war Süden? Und wie bitte verteidigte man sich gegen einen Dingo? Mark hatte zwar gemeint, die wilden Hunde griffen lieber Schafe und Kälber als Menschen an, aber in den Zeitungen wird man ja wohl nicht ohne Grund über von Dingos verschleppte Babys geschrieben haben.

Die Steine neben mir mussten als Dingo-Schutz reichen. Ich schälte mich aus meinem Swag, um sie aufzusammeln, und trollte mich anschließend hinter einen Busch. Fünf Liter Wasser hatte ich über den Tag verteilt getrunken, in der Wüste ein Muss. Aber das hieß: Man musste oft zur Toilette. Im Abseits kauernd, hörte ich es leise hinter mir rascheln. Eine Schlange? Ein *Moloch horridus*, die stachelige australische Echse, auch als Dornteufel bekannt? Ich fühlte mich verloren. Ich war Teil dieser Welt, aber ich wusste nichts über die vielen anderen Bewohner, geschweige denn, wie ich mit ihnen umzugehen hatte.

»Alles okay, *dumbass*?«, raunte Mark, als ich zu meinem Swag zurückkehrte.

»Ja«, log ich. »Und nenn mich nicht ständig Dumpfbacke.«

»Du bist aber eine.«

Ich konnte nichts entgegnen. Außer, dass ich lernwillig war.

Und das mit dem Lernen kann eine aufwühlende Sache sein. Vor allem, wenn man die Lektionen an einem der spirituellsten Plätze der Aborigines erteilt bekommt: am Uluru, einst von den britischen Kolonialherren auch Ayers Rock genannt. Der 348 Meter hohe Sandstein, ein Inselberg, der sich wie aus dem Nichts in der flachen Wüste erhebt, reicht bis sechs Kilometer in die Tiefe. So viel zur Geomorphologie. Vor allem beim Sonnenuntergang gibt er ein fabelhaftes Fotomotiv ab. Da karren Busveranstalter Horden von Touristen an und servieren im Kata-Tjuta-Nationalpark Champagner. Für uns gab es kein Blubberwasser.

Während wir gebannt auf das Farbspiel des Uluru starrten, warf Mark ein Fertiggericht in den Campingkocher und öffnete Wein und Bier. Abseits saßen ein paar Aborigines-Frauen still am Boden. Sie breiteten die typischen Malereien vor sich aus. Doch keiner der Umstehenden kaufte ein Bild. Kaum einer würdigte sie auch nur eines Blickes. Dabei parkten die Busse auf Aborigines-Land. Einem Stück Australien, das den

Ureinwohnern in den Siebzigerjahren wieder zugesprochen wurde, obwohl es immer ihres gewesen war. Die Aborigines lebten bereits in Australien, als die späteren Siedler aus Europa und die Goldgräber aus aller Welt noch quasi Neandertaler waren. »Diese Aborigines-Frauen müssen mehr Werbung für ihre Bilder machen«, analysierte der schwule Flugbegleiter. »Sie sind gar nicht marktschreierisch, ein bisschen muss man schon auf die Touristen zugehen, sonst wird das nichts.«

»Muss man wirklich?«, fragte Mark. Dann scharte er uns mit »Dumpfbacken, hierher!« um sich und begann über die Glaubenssätze der Ureinwohner zu reden.

»Seht ihr die Risse im Uluru?«, fragte er.

»Mhhh«, tönten wir im Chor.

»Jeder Krater und jeder Riss hat für die Aborigines eine Bedeutung. Für sie sind das Spuren, die ihre Vorfahren hinterlassen haben – und diese gilt es zu bewahren. Die Ureinwohner glauben nicht daran, dass Gott die Welt mit Bäumen, Bergen und allem Drum und Dran erschaffen hat. Ihr Schöpfungsmythos beruht darauf, dass die Erde eine kahle Fläche war und nur durch die Handlungen und Spuren der Vorfahren zu dem Platz wurde, der sie heute ist. Manche Stellen des Berges darf man nicht fotografieren, denn ein Foto würde den Geist der Vorfahren einfangen und zerstören.«

»Ich hab aber alles auf Foto!«, verkündete der Koreaner im noch immer weißen Lacoste-Hemd stolz. »Nichts passiert.«

Mark seufzte.

»Kann ich morgen auf den Uluru steigen? Ich habe von einem Kletterpfad im Reiseführer gelesen«, fragte der Koreaner weiter.

»Die Aborigines bitten darum, dass man nicht auf ihren heiligen Berg klettert. Ich finde, wir sollten das respektieren.«

»Aber es gibt diesen Pfad!« Der Koreaner blieb beharrlich.

»Nur weil es ihn gibt, heißt das nicht, dass es gut ist«, versuchte Mark es erneut. »Das Tourismusbüro hat den Aufstieg – zumindest wochenweise im Jahr – durchgesetzt, aber die Aborigines sind dagegen.«

»Morgen, ja?«, fragte der Koreaner.

Mark fiel innerlich zusammen. »Dumpfbacken, vielleicht versteht ihr es so: Aborigines sehen es als ihren Auftrag, das Land zu bewahren und nur so viel von ihm zu nehmen, wie sie zum Überleben brauchen. Seit den Fünfzigern sind Tausende Leute auf den Uluru geklettert. Aber da oben gibt es keine Toiletten. Der Unrat ist in die wenigen Wasserlöcher, die im Berg vorhanden sind, geflossen. Das wiederum hat den Lebensraum für Tiere zerstört und damit eine Jagdquelle für die Aborigines. Es hängt alles zusammen. Alles, was man tut, hat Auswirkungen.«

Und damit ließ er es gut sein. Mark hatte sein Bestes versucht. Und er wusste von den Gesprächen auf dem Rückweg – »Ich hab mir neulich ein Kleid online gekauft, es war im Sale« –, dass nicht viel von dem hängengeblieben war, was er vermitteln wollte. Aber am Ende war er wieder freundlich und fast versöhnt. Vielleicht weil er wusste: Würde er uns hier im Outback aussetzen, keiner von uns degenerierten Städtern würde das überleben. Und diese Überlegenheit war vielleicht der größte Sieg für ihn.

• •

Aha:
SO IST DAS ALSO

Elf Reisebeobachtungen,
die mein Hirn länger beschäftigt haben

1. VERSTECKTE BOTSCHAFTEN

In Tansania tragen Frauen bunt bedruckte Baumwollstoffe, sogenannte Kangas. Die Dinger dienen als Universal-Klamotte, mal sind sie Wickelkleid, mal Kopfbedeckung, mal Babytragetuch. Was ich lange Zeit nicht gecheckt habe: Kangas kommen mit einem poetisch-kitschigen Sinnspruch daher. Es gilt, zwischen den Zeilen zu lesen. Mit dem richtigen Aufdruck wird Männern auf Brautschau signalisiert: »Du darfst mich ansprechen.«

2. AUCH TIERE HABEN IHRE MITTAGSPAUSE

Schattiges Rastplätzchen in der Serengeti? Geht nicht. Löwe-auf-Baum-Alarm. Die Viecher sind schlimmer als Handtuch-Reservierer am Hotelpool – zur Mittagszeit sind alle Bäume ausnahmslos voll.

3. SCHLUCK

Aus Bananen lässt sich Bier brauen. In Tansania nennt sich das Gesöff Pombe.

4. KARL KOMMT

Der Nebel, der sich regelmäßig über die Golden Gate Bridge in San Francisco legt, heißt Karl und hat sogar einen eigenen Twitter-Account: @KarlTheFog.

5. HAI IN SICHT

In Kapstadt gibt es Shark Spotter (Haibeobachter), das ist dort ein eigener Job. Täglich sitzen sie hoch oben auf Küstenfelsen und überwachen mit Ferngläsern und Funkgeräten das Meer.

6. GRADWANDERUNG

Die japanische Verbeugung will gelernt sein: Ein Kopfnicken im Fünf-Grad-Winkel steht für neutrale Begrüßungen, fünfzehn Grad ist etwas höflicher, bei dreißig Grad buckelt man um Entschuldigung oder bringt eine Bitte vor. Wie viel sind nochmals fünfzehn Grad? (Japan kommt erst im nächsten Kapitel!)

7. OH SHIT

Wombats, australische Beutelmäuse, koten in Würfelform. Das ist gut für die Reviermarkierung, denn Würfel rollen nicht so leicht von Felsen und Steinen wie runde Kötel.

8. DREHMOMENT

Bei einer japanischen Teezeremonie nimmt man die Tasse mit der rechten Hand auf und stellt sie dann in der Handfläche der linken ab. Vor dem Trinken wird die Tasse zweimal im Uhrzeigersinn gedreht; ist man fertig, dreht man zweimal gegen den Uhrzeigersinn. Idealerweise zeigt das Tassenmotiv am Ende in Richtung Zeremonienmeister.

9. BETEN, BRÜDER

In Myanmar muss jeder Junge für ein paar Wochen oder Monate ins Kloster. In Armut und Askese zu leben soll ihnen die richtigen Werte fürs Leben vermitteln. Manche checken auch im Erwachsenenalter wieder ein. Dann nicht etwa, weil sie so gläubig wären. Viele Kerle sitzen dort Ehestreitigkeiten oder Geldprobleme aus. Wenn die Luft rein ist, kehren sie wieder nach Hause zurück.

10. RUHE BITTE

In den argentinischen Milongas, den Tango-Clubs, gilt: Bittet ein Mann um einen Tanz, signalisiert er das mit einem stillen Kopfnicken in Richtung der Dame. Bei Interesse geht sie wortlos auf ihn zu, bei Desinteresse schaut sie weg. Gesprochen wird nicht. Hach, wenn nur alles so einfach wäre.

11. DEM VERRÜCKTEN GEHÖRT DIE STADT

Während des Karnevals regiert in Rio de Janeiro Rei Momo, also König Momo. Der Bürgermeister übergibt dem Narr symbolisch den Schlüssel der Stadt.

10

EHRLICH WÄHRT AM LÄNGSTEN

Tokio und Hiroshima, Japan
Mai
Zurückgelegte Distanz:
85 800 KILOMETER

Die Japaner scheinen das sauberste Volk der Welt zu sein. Das ist mir als Erstes in diesem Land aufgefallen. Und damit spreche ich nicht nur die Toiletten an, die über eine einschüchternd große Auswahl an Intimdusch- und Reinigungsfunktionen verfügen. Nein, die Sache geht tiefer. Man trägt stets frisch gewaschene Haare, die Schuhe sind blitzblank poliert. Im Restaurant wird jedem Gast zur Begrüßung ein feuchtes Erfrischungstuch gereicht. Und neulich, als es geregnet hatte, wurden vor den großen Kaufhäusern sogar Plastikhüllen für Regenschirme verteilt, damit bloß niemand eine Tropfspur beim Shoppen hinterlässt. Socken weisen hier übrigens *niemals* Löcher auf. Ich kann das beurteilen, ich sehe ständig besockte Leute. Wohnungen dürfen nämlich nur schuhlos betreten werden. Sogar bei Uniqlo, dem japanischen H&M, hat man mir meine Sneakers abgenommen und die Umkleidekabine vor dem Betreten mit dem Staubwedel gefegt. Dass ich fürs Anprobieren eine Art Ku-Klux-Klan-Einwegkapuze fürs Gesicht gegen Make-up-Abrieb tragen musste – geschenkt. Vom Mundschutz-Wahnsinn habe ich noch gar nicht angefangen zu reden. Man sagt übrigens, den benutze man vor allem wegen der Befeuchtung der Schleimhäute.

Insgeheim denken die Japaner wahrscheinlich, der Rest der Welt versinkt im Dreck. Dass aber gebrauchte Unterhosen von Schulmädchen in Tokio weggehen wie warme Semmeln, darüber redet man nicht. Genauso wenig ist Japans immenser Plastikmüll ein Thema. Die Bananen in den kleinen Convenience-Stores werden einzeln in Zellophan verpackt, weil es »hygienischer« ist – es könnte ja jemand draufhusten.

»Die Schale ist doch natürlicher Schutz genug«, hatte ich versucht zu argumentieren.

»Wenn ein Kunde die Schale anfasst, sammeln sich Bazillen darauf«, beendete der Verkäufer mit einem Lächeln die Diskussion. Es war ein kaltes Lächeln.

Sosehr man vor angehusteten Bananen Angst hat, in Sachen Rotz sind die Leute offenbar weniger empfindlich. Lieber zieht man stundenlang die Nase hoch und schluckt den Schleim, als sich einmal kräftig zu schnäuzen. Letzteres wird in der Öffentlichkeit als unangemessen bzw. als Kontrollverlust gesehen. Und dass viele Waschmaschinen nur kalt waschen – nun ja. Ich habe meine Klamotten durch drei Spülgänge laufen lassen, bis ich das Gefühl hatte, dass sie einigermaßen sauber sind.

Nichtsdestotrotz mag ich Japan. Sehr sogar. Das liegt vor allem am großartigen Essen. Ich fresse mich wie die Raupe Nimmersatt durch die Stadt, und bereits bei der bloßen Erwähnung des Worts »Chirashi« beginne ich unkontrolliert zu sabbern. Chirashi heißt frei übersetzt »Allerlei« und ist eine Schüssel Reis mit unterschiedlichen rohen Fischstückchen. Manchmal ist auch Seeigelfleisch, Eistich und eingelegtes Gemüse dabei. Ich bin offiziell süchtig. Beim Dealer meines Vertrauens habe ich gelernt: Die Essstäbchen sollten immer anderthalbmal so lang sein wie die Spannweite von Daumen und Zeigefinger. Folgerichtig sind Chopsticks für Männer und Frauen unterschiedlich lang.

Wenn ich meine Mini-Wohnung mit dem 1,5-Quadratmeter kleinen Bad verlasse (von der Decke bis zum Boden ist alles aus gelb-beigem Plastik, eine Badekapsel mitten im Apartment, ich habe so etwas noch nie gesehen), um Essen zu finden, ist das für mich das größte Glück. Ich muss lediglich ein bisschen sorgsamer mit meiner Energie umgehen, zu viele neue Eindrücke prasseln auf mich ein. Nach vier, fünf Stunden fühle ich mich meist wie erschlagen. Halte ich mich viel im U-Bahn-Labyrinth auf, kann's auch sein, dass ich schon früher nach Hause will, um mir Monk-artig die Decke über den Kopf zu ziehen.

Dazu muss man wissen: Tokio ist derart groß, das packt man nicht. Sich ohne voll aufgeladenen Handy-Akku und Navigations-App auf die namenlosen Straßen zu begeben, kommt Masochismus gleich. Allein die U-Bahn-Station Shinjuku hat rund vierzig verschiedene Ein- und Ausgänge, diese wiederum sind unterteilt in A und B, in Ober- und Untergeschoss. Dazwischen finden sich Hunderte Shops, die alle identisch ausschauen. Nimmt man den falschen Ausgang, kann man in einem ganz anderen Stadtteil landen, so groß sind die Distanzen. An einem Tag habe ich mich im Untergrund derart verirrt, dass ich drauf und dran war, mich hysterisch heulend auf den Boden zu werfen. Zum Glück eilte vorher eine hilfsbereite Dame in Uniform herbei, und fünf Minuten später sah ich wieder Tageslicht am Ende des Tunnels. Da soll einer sagen, alles sei hier nur mit Maschinen reguliert. Zwar finden sich an so gut wie jeder Ecke Automaten für Getränke, Snacks und anderes Zeugs. Die Taxitüren darf man nicht selbst aufdrücken, sie werden als Sicherheitsmaßnahme automatisch und stets in Richtung der Gehsteige geöffnet. Und die Knöpfe an den Toiletten ... nun ja, über die hatten wir ja bereits gesprochen. (Es gibt übrigens auffallend viele öffentliche Toiletten in Tokio, ich habe noch keine 300 Meter ohne blitzsauberen Boxenstopp mit Intimdusche und Meeresrauschen erlebt.)

Doch trotz dieses Automatisierungswahnsinns und der »Wir ignorieren, dass es Stromausfälle geben kann«-Haltung versinkt Tokio mit seinen neun Millionen Einwohnern nicht im Chaos. Wahrscheinlich, weil hier Jobs für alles und jedes geschaffen werden. An Zughaltestellen scharwenzeln mindestens zehn Bedienstete herum. In den Restaurants, vom High-End-Sushi-Tempel bis zum einfachen Imbiss, sind die Aufgaben klar verteilt. Es gibt jemanden, der serviert und Tee ausschenkt. Ein anderer räumt die Tische ab. Ein Dritter kassiert. Und in jedem noch so kleinen Geschäft stehen mindestens drei dauerlächelnde Verkäufer. Arbeitskraft scheint nicht viel zu kosten. Aber das ist das Einzige, was ich mich mit Sicherheit zu analysieren traue. Den Rest verstehe ich wie gesagt nicht. Denn sosehr ich mich um einen offenen Geist bemühe, vieles macht für mich keinen Sinn.

Warum zum Beispiel spricht in der U-Bahn niemand, wieso ist es in den Waggons sogar zur Rushhour mucksmäuschenstill? Und wo wir schon dabei sind: Kaum einer geht bei Rot über die Straße, selbst wenn links und rechts kilometerweit kein Auto zu sehen ist. (Die Ausrede Polizeistaat lasse ich nicht gelten. Ich habe beobachtet, wie jemand neben drei Exekutivbeamten bei Rot gekreuzt hat – und nichts ist passiert, nicht einmal eine Verwarnung.) Und woher kommt diese Faszination für Spielhallen? Für Fabelwesen? Für Puppen?

Nun gut, das mit den Puppen hat mir zumindest Daisuke halbwegs vernünftig erklärt. Daisuke ist Mitte vierzig und mit über 1,80 Meter für einen Japaner verhältnismäßig groß. Er arbeitet als Fotograf und ist ein Bekannter meiner beängstigend klugen Schwester. Er selbst findet, er sieht wie ein Koala aus. »Liegt an meiner breiten Nase«, hat er mir gleich beim ersten Treffen erklärt. Ich konnte nichts entgegnen, außer ein lachendes: »Ja, stimmt.« Jedenfalls: Weil ihn die Schwester gebeten hatte, mir die Stadt zu zeigen, sind wir mit seinem alten Jaguar herumgecruist und schließlich im Nakano Broadway gelandet, einem leicht heruntergekommenen Einkaufszentrum, das bei mir sofort unter »Freak City« abgespeichert wurde. Auf mehreren Etagen gibt es dort alles, was das sonderbare japanische Sammlerherz begehrt. Ich sah gespenstisch aussehende Plastikpüppchen für 500 Euro (die Glubschaugen – blau, grün, braun – konnte man gesondert kaufen), teurere Modelle hatten bandagierte Köpfe und Gesichter, wie frisch nach einer Gehirn- oder Beauty-OP.

»Verstehst du das, Daisuke?«, habe ich gefragt.

»Was? Das Puppensammeln?«

»Ja. Ist das ein sexuelles Ding?«

»Nein, nicht dass ich wüsste. Der Japaner sammelt gerne. Früher waren es Briefmarken und Münzen, und dann ist wahrscheinlich das passiert, was immer passiert, wenn etwas zum Trend wird: Irgendein cooler Typ hat im Fernsehen zugegeben, dass er Puppen sammelt. Woraufhin die heimlichen Puppensammler alle erleichtert waren, ihre Leidenschaft ebenfalls publik machten, und schon hatte man ein Riesen-Business.«

»Und die japanische Manga- und Comic-Liebe?«

»Unser Land produziert seit Ewigkeiten Zeichentrickfilme und Mangas, damit wächst man hier auf. Meine Theorie ist: In Fantasiewelten kann man flüchten, sie lassen sich im Kopf weiterspinnen, es existieren keine Limits, das ist das Spannende.«

»Aber sogar die Warnschilder in der U-Bahn oder im Straßenverkehr sind quietschbunt gezeichnet. Da in eine Traumwelt abzutauchen wäre fatal.«

»Stimmt, aber die Comic-Warnschilder sind im Menschengewusel zumindest gut erkennbar.«

Ah ja.

Daisuke selbst sieht sich als atypischen Japaner. Er sammelt keine Püppchen oder Unterhosen, er spielt kein Baseball (der US-Ballsport ist hier groß vertreten), Karaoke empfindet er als traumatisch und die Sache mit den Robotern liegt ihm auch nicht. Als ich erzählte, dass ich vor Kurzem im Robot Restaurant im Vergnügungsviertel Shinjuku war, hat er sich nur an den Kopf gegriffen und »Um Himmels willen! Ernsthaft?« geseufzt. So ähnlich ging es mir während der Dinner-Show auch, einer Art Wachtraum auf LSD. Schrill kostümierte und grell ge-schminkte Japaner sprangen um riesige Roboter herum, ein gi-gantischer Plüsch-Panda ritt auf einer Menschen-Kuh daher, eine Pappmaché-Schlange spuckte Feuer und eine Frau im gür-telbreiten Rock trug eine Einhornmaske. Ich saß fassungslos da, mit offenem Mund und offener Handtasche. In einem an-deren Land hätte man mir längst auf die Schulter getippt, um mich dazu zu bewegen, zumindest die Tasche zuzumachen. Aber in der Millionenmetropole Tokio, ja in ganz Japan, kann man mit offenen Taschen durchs Leben laufen, wie mir Daisu-ke versicherte. »Hier stiehlt kaum einer was.« Kriminologen sind da ähnlicher Meinung und nennen die japanische Kultur der Scham sowie ein ausgeprägtes Harmonie- und Gruppenzu-gehörigkeitsbedürfnis als Gründe für die rekordartig niedrige Verbrechensrate. »Wenn du etwas vermisst, ist es oft nicht ge-stohlen, sondern einfach nur verloren. Meist erhältst du es im Fundbüro wieder«, ergänzte Daisuke noch.

In diesem Moment wusste ich noch nicht, wie recht er haben sollte. Aber als ich in Hiroshima war, wurde mir die ja-panische Ehrlichkeit ziemlich deutlich vor Augen geführt. Mit einem Shinkansen, einem japanischen Hochgeschwin-digkeitszug, auch »Bullet Train« genannt, war ich viereinhalb Stunden Richtung Süden gebraust. Ich fühlte mich erleich-tert, als ich das Gewusel Tokios hinter mir ließ. Hiroshima, die Stadt, auf die die Amerikaner 1945 eine Atombombe abge-worfen und damit erstmals eine Nuklearwaffe gegen Men-schen eingesetzt hatten, ist mit 1,2 Millionen Einwohnern ver-hältnismäßig klein. Und: Sie ist erstaunlich schön. Das hatte ich nicht erwartet. Ich kannte nur jene Fotos vom 6. August 1945.

Rund 90 000 Menschen waren sofort tot, viele davon ver-
dampften durch die immense Hitze, die »Little Boy« – so hieß
die Bombe – freigesetzt hatte.

Vor meinem geistigen Auge war Hiroshima also nach wie
vor ein Trümmerfeld. Schon klar, man würde mittlerweile auf-
geräumt und alles wieder aufgebaut haben. Aber ich erwartete
eine düstere, traurige Stadt mit vielen Krebspatienten und viel
Grau. Als ich mit einer Straßenbahn in Richtung Friedens-
museum und Memorial Park fuhr, vorbei an Hochhäusern und
vielen Geschäften, wollte ich meinen Augen kaum trauen. Neben mir tat sich ein Fluss auf, der sich durch die Stadt zog. Dazu
romantische Brücken. Breite Gehwege. Knospende Bäume.
Viel Grün. Schulkinder in adretten Uniformen, die Grün-
tee-Eis schleckten. Das ist ja wie an der Seine in Paris, ging es
mir durch den Kopf.

Der Memorial Park selbst war ein lebendiger, fröhlicher
Ort, trotz der vielen Mahnmale. Beim Children's Peace Monu-
ment, das mit einem goldenen Kranich zum Klingen gebracht
werden kann, türmten sich bunte Girlanden.

Trotz der Schönheit des japanischen Paris kam ich ins
Grübeln. Zum einen über die radioaktive Strahlung. Im Frie-
densmuseum hatte ich erfahren, die sei längst nicht mehr nach-
weisbar. Aber die Japaner hatten vor nicht allzu langer Zeit die
Katastrophe in Fukushima. Hmmm. Mein linker Zeh begann
unruhig zu zucken. Gleichzeitig dachte ich über Orte nach, die
so viel Leid erfahren haben, dass es für dreißig Leben reicht.
Ich umarme keine Eichen und tanze auch nicht nackt im
Mondschein. Aber ich bin feinfühlig. Ich spüre, wenn da etwas
ist. Und in Hiroshima war einiges zu spüren. Insofern beschloss

ich am späten Nachmittag: Ich fahre zurück nach Tokio, in »mein« Bett, in meinen sicheren Hafen. Zumal Hiroshima außer dem Peace Museum und Okonomiyaki (eine Art Pizza aus Kohlraspeln, Ei und Seetangflocken) nicht viel zu bieten hat.

Ich machte mich auf den Weg zum Bahnhof, setzte mich in den nächsten Bullet Train – und wusste sofort: Da ist was falsch. Mein Japan Rail Pass war weg! Der Rail Pass ist so etwas wie ein Universal-Zugticket für ganz Japan. Man kann ihn nur im Ausland, vor der Japanreise, erwerben. Sieben Tage kosteten rund 240 Euro, kein Schnäppchen, aber fährt man zwei längere Strecken, zahlt es sich bereits aus. War er gestohlen? Hatte Daisuke mit der japanischen Ehrenhaftigkeit unrecht gehabt? Am Bahnsteig hatte ich das Ding noch in der Hand gehabt, daran erinnerte ich mich, ich hatte das Dokument ungefähr dreißigmal vorzeigen müssen, bis ich im Zug saß. Es muss beim Einsteigen aus der Tasche gefallen sein, dämmerte mir. Und dann: Verdammt! Ich werde in Tokio ohne Rail Pass nicht aus dem Bahnhofsgebäude rauskommen. Die werden mir die Fahrt extra berechnen, mehrere hundert Euro sind dann einfach futsch.

Mir blieb nichts anderes übrig, als die Angelegenheit dem Schaffner zu beichten. Mit Händen und Füßen versuchte ich meine Situation zu erklären. Sein Englisch war rudimentär, die Übersetzungs-App auf seinem Tablet noch begrenzter. Ich schimpfte mit mir selbst. Warum war ich am Bahnsteig bloß so hektisch gewesen? Ich verliere doch sonst nie etwas! Kurz vor Kyōto kehrte der Zugbegleiter zu meinem Platz zurück.

»Ihr Rail Pass wurde gefunden. Er liegt im Fundbüro in Hiroshima«, erklärte er freudestrahlend.

Ich sang innerlich ein Loblied auf die Buddhisten.

»Das ist großartig, danke! Wie komme ich jetzt an den Pass? Können Ihre Kollegen in Hiroshima ihn mit dem nächsten Zug nach Tokio schicken?«

Da war das Lächeln des Schaffners weg. Das ginge nicht, erklärte er. Wegen der Ausweispflicht und überhaupt. Ich müsse den Pass selbst abholen. Dreißig Minuten später, an der nächsten Haltestelle, bugsierte er mich aus dem Zug. Kurz danach fand ich mich im nächsten Bullet Train zurück nach Hiroshima, wo sich die Lost & Found-Mitarbeiter fast mehr über die Rückgabe freuten als ich.

Es gab bloß einen Wermutstropfen: Mittlerweile war es Abend, zu spät für einen Zug zurück nach Tokio. Ich musste zwangsweise in Hiroshima bleiben. Jenem Hiroshima, in dem ich radioaktive Strahlen und herumgeisternde Seelen vermutete. Was aber viel schwerer wog: Obendrein war es ein Feiertag. 99 Prozent der (für mich bezahlbaren) Unterkünfte waren ausgebucht. Das einzige Bett, das laut Online-Reservierungsportal noch frei war, befand sich in einer Jugendherberge. Ein Schlafraum mit acht Reisstrohmatten im Frauentrakt. Ich wollte mich erschießen. Ich hatte in der Vergangenheit nicht die besten Erfahrungen mit Hostels gemacht, daher habe ich sie auf der gesamten Reise gemieden wie der Teufel das Weihwasser.

Doch schnell war klar: entweder die Jugendherberge oder eine Nacht im Park (wobei ich nicht glaube, dass man in Japan im Park schlafen kann, da kommt sicher die Polizei und verscheucht einen). Also bin ich dorthin getrottet. Unwillig und aufs Schlimmste vorbereitet. Und wie das so ist, wenn man Erwartungen hat: Keine davon wurde erfüllt. An der Rezeption:

das netteste und verständnisvollste Wesen der Welt. Das Badezimmer bestand aus Einzelduschen und war so blitzsauber wie
im Fünf-Sterne-Hotel. Der Schlafsaal an sich? Eine Bienenwa-
be mit Vorhängen. Soll heißen: In der Wand fanden sich Ein-
zelkojen mit traditionellen Tatami-Matten, sauberem Bett-
zeug, einem kleinen Leselicht und ebenjenem Vorhang für die
Privatsphäre. Ich fand es herrlich und schlief wie ein Stein.

Jetzt habe ich nur noch zwei Tage in Tokio, bevor es weiter
nach Südostasien geht. Ich werde Japan vermissen. Das Land
hat gut getan. Nirgendwo habe ich bisher so viel Neues in so
kurzer Zeit kennengelernt, nirgendwo gab es mehr zu staunen.
Mein wissbegieriges Ich und mein Herz sagen: »Danke.«

20
REISEWEISHEITEN
die ich bisher gelernt habe

1. Feuchttücher are a travel girl's best friend.

2. Streetfood! Streetfood! Streetfood!

3. Jedes Land braucht einen eigenen Soundtrack.

4. Das unhygienischste Getränk im Flugzeug ist Kaffee. Die Thermoskannen werden kaum oder nur schlecht gereinigt (hat mir der vermeintliche »I don't do intimacy«-Pilot auf Hawaii gesteckt).

5. *Make a difference.* Nur weil andere achtlos Plastik in die Botanik werfen, muss man es selbst nicht tun.

6. Affen ist zu misstrauen, egal wie unschuldig sie vom Baum herunterschauen.

7. Zeit ist ein dehnbarer Begriff. Distanzangaben sind es ebenfalls.

8. »Bitte lächeln!« Die wollen nichts Schlimmes, die wollen nur ein Erinnerungsfoto. In Japan, Myanmar und in Indien sind »Mein Freund, der Europäer«-Schnappschüsse begehrt.

9. Die Welt wirkt intensiver, wenn man sie sich nicht durch eine Fotolinse anschaut.

10. Jedes dritte Souvenir zu kaufen reicht auch.

11. Das Bauchgefühl hat immer recht.

12. Schlaftabletten auf Langstreckenflügen erst schlucken, wenn der Flieger startet – außer man will bei Verzögerungen groggy am Flughafenterminal herumhängen.

13. Das Tosen eines Wasserfalls ist besser als drei Energydrinks. Versprochen.

14. Romanzen auf Reisen sind intensiver. Aber auch kürzer. Einer muss immer das nächste Flugzeug erwischen.

15. Pläne ändern sich. Hand drauf.

16. Alle Menschen dieser Welt wollen dasselbe: Familie, Liebe, Lachen, Arbeit.

17. Alle drei Stunden sein Handy und Social Media zu checken reicht. Noch länger nicht draufzuschauen ist besser.

18. Die Welt ist nicht so gefährlich, wie man glaubt (zumindest wenn man keine dummen Sachen anstellt und den Hausverstand in die Pause schickt).

19. Notfall-Nüsse und Schokolade gehören in jedes Gepäck. Der nächste Heißhunger kommt bestimmt. Jemand, den man damit freundlich stimmen will/muss/kann, auch.

20. Wer öfter Ja sagt, sieht mehr vom Leben.

11

EINE JEANS
SORGT FÜR AUFREGUNG

Rangun, Bagan und Mandalay, Myanmar
Mai
Zurückgelegte Distanz:
90 562 KILOMETER

I ch finde es cool hier«, strahlte mich die beängstigend kluge
Schwester in der Ankunftshalle des Flughafens Rangun an.
Wir waren beide fast zur selben Zeit in Myanmar gelandet,
obwohl wir aus unterschiedlichen Ecken der Welt kamen. Es
war unser erstes Wiedersehen nach acht Monaten Weltreise.
Neugierig musterten wir uns beide, um letztlich keine großen
Veränderungen festzustellen – bis auf jene, dass ich mittlerweile fast absurd braun war (mein Dermatologe und die Hautalte-
rung mögen mir verzeihen) und sie ihre Haare ein ganzes Stück
länger trug. Im Taxi, das uns ins Hotel brachte, handelten wir
gleich einmal den wichtigsten Tratsch ab.

Ja, Richard und ich schrieben uns noch immer regelmäßig
Nachrichten, aber die rund neun Stunden Zeitverschiebung
von Asien nach Brasilien waren hart – und auch die Tatsache,

dass ich tagein, tagaus sorglos herumstreunen konnte, während er nonstop arbeiten musste. »Was soll man sich da groß schreiben? Wir leben in völlig unterschiedlichen Welten«, klagte ich. »Am Ende drehen sich unsere Nachrichten oft ums jeweilige Wetter. Ich fürchte, die Sache endet irgendwann in der Belanglosigkeit.«

Die Schwester sagte nichts, außer: »Au weh.« Was sollte sie auch sagen? Dann erzählte sie im Schnelldurchlauf die Neuigkeiten von daheim. Die Oma hatte in einem Anfall von »Ich räume mein Leben auf« sämtliche Bäume im Garten fällen lassen. Jene Bäume, die der verstorbene Opa mit seinen eigenen Händen gepflanzt und gehätschelt hatte.

»Sie meint, sie hat dadurch mehr Licht und weniger Arbeit«, meinte die Schwester. »Ich finde, sie hat völlig recht. Die Frau ist achtzig, sie kann tun und lassen, was sie will.«

Und dann brachte sie mich noch in Sachen Spontan-Hochzeit unseres Bruders auf den neuesten Stand. Er hatte eine Amerikanerin in einer Nacht- und Nebelaktion geheiratet und niemandem etwas davon erzählt, sondern die Sache plötzlich auf Facebook publik gemacht. Unsere Eltern hatten die Neuigkeiten noch immer nicht ganz verdaut.

»Mama und Papa lassen dir liebe Grüße ausrichten. Ich soll dir von ihnen sagen: Falls du auch spontan jemanden ehelichen willst, bitte ruf zumindest vorher daheim an.« Die Schwester lachte. Dann zeigte sie auf die Passanten in den nächtlichen Straßen. »Siehst du das?« Sie lenkte meine Aufmerksamkeit auf die Kleidung der Männer in Rangun. »Die tragen hier tatsächlich *alle* einen Longyi, sogar die Typen mit weiß gestärkten Hemden und Aktenkoffern gehen im Rock.«

Ein Longyi – ausgesprochen: Long-schi – ist ein wadenlanger karierter Stoffschlauch, eine Art Wickelrock für Männer, die Enden werden auf Höhe des Bauchnabels verknotet. Als ich mich umsah, musste ich zugeben, dass die Schwester nicht übertrieben hatte. Jeder, vom Taxifahrer bis zum Anwalt, schien das traditionelle Beinkleid auszuführen. Sogar Teenager mit Festival-T-Shirts waren berockt.

»Ob die darunter alle nackt gehen, so wie die Schotten?«, fragte ich, während wir durch die schwüle Nachthitze zum Hotel fuhren.

»Keine Ahnung«, sagte die beängstigend kluge Schwester und grinste. »Aber das finden wir raus.«

Achtundvierzig Stunden später bekamen wir die Lösung für das Untendrunter-Longyi-Rätsel serviert: In Myanmar geht sowohl als auch. »Schau unauffällig nach links«, flüsterte mir das Schwesterherz zu, als wir in einem Bummelzug durch Ranguns Vororte tuckerten. Wir saßen eingepfercht zwischen fliegenden Händlern und ihren Warenkörben, von frittierten Teigbällchen über frisch geschnittenes Grünzeug war alles zu haben. Ihr Blick deutete in Richtung eines speckigen Verkäufers, der sich gedankenverloren am Hintern kratzte und dabei seinen Allerwertesten lüftete. »Nackt!«, verkündete ich triumphierend. »Ich habe es geahnt.«

Wenig später stieg ein junger Bursche zu, aus dessen Longyi lässig der Bund einer Boxershorts schaute. Der Marky Mark von Myanmar quasi. Ich sagte nichts mehr. Ich schaute nur.

Und wir haben viel geschaut in den vergangenen Tagen. Myanmar, das südostasiatische Land, das an Thailand, Laos,

Bangladesch, Indien und China grenzt, hat mich in vielen Momenten staunend zurückgelassen. Das kommt davon, wenn man sich darauf verlässt, dass die beängstigend kluge Schwester schon den Reiseführer lesen wird. Zu Myanmar war in meinem lediglich vermerkt: Es hieß früher einmal Burma. Die hatten ein paar Probleme mit der Militärdiktatur, Politikerin Aung San Suu Kyi stand fünfzehn Jahre unter Hausarrest. Erst 2010 wurde das Terrorregime entmachtet. Nun erwachen die Städte und Dörfer reihenweise aus ihrem unfreiwilligen Dornröschenschlaf, durch Online-Visa kommt auch der Tourismus in die Gänge und bietet einen Kulturschock, im positiven Sinn.

So finden sich überall, egal ob in der Stadt oder auf dem Land, Tontöpfe mit frischem Wasser – eine Labstelle für durchreisende Mönche oder andere durstige Verkehrsteilnehmer. Bauern beackern ihre Felder mit Ochsenkarren, mitunter fühlt man sich hundert Jahre in die Vergangenheit zurückversetzt. Und: Der Job des Wahrsagers ist in Myanmar ein angesehener Beruf. Sogar während der Militärdiktatur entschied man nichts ohne Zustimmung der Chef-Astrologen. Die Deutung der Himmelszeichen greift nicht nur in die Namensgebung neugeborener Kinder ein (Montagskinder etwa sollten mit »K« beginnen, Sonntagskinder mit »A«), sie ist auch für die Partnersuche wichtig.

»Wann bist du geboren?«, fragte unser Tour-Guide Pho Se, als wir einen Tempel besuchten. Pho Se war noch keine dreißig, hatte Augen so groß und so rund wie Kirschen und trug einen adretten Seitenscheitel zu seinem weiß gestärkten Hemd und seinem Longyi. Ich mochte ihn sofort.

»Ähm, ich glaube, mein Geburtstag war ein Donnerstag?«

»Glauben ist nicht wissen.« Er zückte sein Smartphone, um eine Kalender-App aufzurufen.

»Also, das genaue Datum?«

Ich nannte Tag, Monat sowie Jahr, und Pho Se triumphierte: »Ha, ein Samstagskind!«

»Und was heißt das jetzt?«, wollte ich nun wissen.

»Dass wir in den Südwesten des Tempels müssen, da steht die Buddha-Statue für Samstagsgeborene, genannt Paang Naga-Prok. Diesem Buddha schüttest du Wasser über den Kopf. Das bringt Glück.«

»Aha. Und worauf sollte ich als Samstagsgeborene noch so achten, Pho Se?«

»Du harmonierst am besten mit Donnerstagsgeborenen.«

»Das heißt, ich brauche einen Mann, der an einem Donnerstag zur Welt gekommen ist?« (Mist, Richard, der tolle Kanadier, den ich in Rio getroffen hatte, war ein Dienstagskind, zumindest sagte das Pho Ses Handy-App.)

»Das wäre ideal«, strahlte Pho Se.

»Aber ist das nicht ein sehr enges Feld? Es ist doch auch ohne Sterne-Empfehlung schon fast unmöglich, einen halbwegs brauchbaren Typen zu finden.«

»Mittwochgeborene sind zur Not auch okay«, erweiterte Pho Se mein buddhistisch abgesegnetes Jagdrevier, während ich dem Buddha das Wasser über den Kopf schüttete und auf ein austro-kanadisches Liebeswunder hoffte.

Fremdenführerin Elina wiederum, eine resolute und gewichtige Mittfünfzigerin, Finnin, die seit fünf Jahren in Myanmar lebte, hatte uns eingebläut, während unseres Aufenthalts wie wild zu fotografieren. »Viele der schönen Kolonialgebäude wird es in ein paar Jahren nicht mehr geben. Die burmesische Regierung verfügt über kein Geld, ausländische Investoren haben deshalb ein leichtes Spiel und reißen alles nieder.«

»Vielleicht könnten reiche Ausländer eher Geld für ein paar Ampeln und Zebrastreifen springen lassen«, merkte ich an. Egal in welcher größeren Stadt man sich befindet, nirgendwo scheint es Fußgängerüberwege zu geben. »Versucht man hier auf die grausame Tour die Einwohnerzahl zu reduzieren, oder warum gibt's keinen geregelten Verkehr?«

»Bis vor ein paar Jahren hatten wir kaum Autos.« Elina zuckte die Schultern. »Die Leute fuhren mit Fahrrädern, Rikschas und Mopeds. Wir haben keine Fußgängerüberwege gebraucht, und durch die bankrotte Regierung wird man so schnell auch keine einrichten.«

Für mich hieß das: Bei jeder Kreuzung klammerte ich mich automatisch an die Schwester. Wenn schon sterben, dann gemeinsam. Beim Rest war ich weniger teamorientiert. Für diesen Reiseabschnitt hatte ich beschlossen: Die beängstigend kluge Schwester war fürs Navigieren, fürs Feilschen, fürs Geldwechseln, für das Finden von Restaurants und für alles Organisatorische zuständig. Ich schaltete dafür zur Abwechslung mein Hirn komplett aus, um das Land entspannt entdecken zu können.

Und was soll ich sagen? Ganz checke ich immer noch nicht, wie Myanmar tickt. Aber seit Tokio rede ich mir ein, dass man eine Destination nicht verstehen muss, es geht mehr darum, viele Details aufzunehmen und sich eine eigene Wahrheit zusammenzureimen. Ich finde es spannend, endlich in einem Land zu sein, das keinen westlichen Dresscodes und Schönheitsidealen folgt. Das mit den Longyi hatten wir ja schon.

(Seit der ersten Sichtung grüble ich darüber nach, warum sich das Beinkleid bei uns zu Hause – zumindest im Sommer – nicht durchgesetzt hat. Die Dinger sind praktisch und obendrein zeugungstechnisch ideal belüftet.) Dazu kommt: In Myanmar haben die meisten Leute rot-braun verfärbte Zähne – und sind stolz darauf.

»Die roten Zähne stammen vom Betelnuss-Kauen«, las die beängstigend kluge Schwester aus dem Reiseführer vor.

»Und wo kriegt man so eine Nuss her?«, fragte ich.

»Ich glaube, es ist nicht bloß eine Nuss, die man kauen muss«, meinte die Schwester – und sie sollte recht behalten.

Die Betelnuss-Sache ist in der Tat ziemlich ausgefuchst. Für das legale Aufputschmittel made in Myanmar werden kleine Stücke der zerhackten Nuss auf ein Blatt Betelpfeffer gegeben. Dieses wird mit flüssigem, gelöschtem Kalk bestrichen, der das in der Betelnuss enthaltene Alkaloid Arecolin in euphorisierend wirkendes Arecaidin umwandelt. In der Praxis sieht das so aus: Man kaut auf dem Blatt-Päckchen herum und denkt im ersten Moment, man hat den Inhalt einer Zahnpastatube im Mund, so mentholhaltig schmeckt das Zeug. Nach fünf Minuten ist alles zu Brei verarbeitet, und dann kann er seine Wirkung auf die Schleimhäute entfalten. Ich habe es gar nicht ins aufputschende Stadium geschafft, ich musste würgen – trotz Beigabe von Kokosnussstückchen, die den Geschmack verbessern sollten – und spuckte das Teil aus.

Die Schwester war tapferer. Ihr Kiefer malmte weiter, ihre Zunge begann sich langsam rot zu färben.

»Wir haben keine aufhellende Zahnpasta im Gepäck«, sagte ich lachend.

»Ich glaube, Weißmacher-Zahnpasta wird hier ohnehin nicht geschätzt.« Sie grinste mich mit rosafarben eingespeichelten Zähnen an.

Aber neben den Männerröcken und den roten Zähnen faszinierten mich vor allem die Frauen. Statt Wimperntusche und Lipgloss scheinen sie sich lediglich eines aufs Gesicht zu streichen, um sich schöner zu fühlen: eine hellgelbe Paste, die sie in kunstvollen Kreisen, Dreiecken oder Strichen auftragen. Als ich das erste Mal eine Frau in dieser Kriegsbemalung sah, dachte ich an Ritualschminke. Vielleicht eine Braut, die bald heiraten würde? Oder sie hatte sich für eine religiöse Zeremonie zurechtgemacht? Aber plötzlich entdeckte ich überall verzierte Gesichter. Auf den Märkten in Rangun. Auf der Teakholzbrücke in Mandalay. In den Tempeln. In den Geschäften.

»Das ist Thanaka«, erklärte uns ein Verkäufer. »Fein geriebene Rinde vom indischen Holzapfelbaum, die mit Wasser zu einer Paste angerührt wird. Man muss aber nicht das fertige Produkt kaufen, ihr könnt das Holz mit einem Stein daheim selber mahlen.« Geschäftstüchtig hielt er uns ein Stückchen Baum hin. »Good for skin and everything!«, lobte der Pasten-Dealer sein Produkt weiter aus. »Makes you very beautiful.«

Am Ende haben wir tatsächlich einen kleinen Tiegel gekauft, immerhin scheint Thanaka der heilige Beauty-Gral in Myanmar zu sein. Die pulverisierte Baumrinde soll die Haut kühlen und befeuchten, als Sonnenschutz wirken und obendrein Akne und Hautunreinheiten bekämpfen.

»Hmmm«, meinte die beängstigend kluge Schwester, als sie später die Paste vollflächig auftrug und diese auf ihrer Haut nicht glatt, sondern ziemlich bröckelig wirkte. »Irgendwas habe ich falsch gemacht, bei den anderen sah das besser aus.« Wir sollten bis zum Ende unseres Aufenthalts in Myanmar nicht herausfinden, wo der Fehler lag.

Schnellere Erleuchtung gab es hingegen in der Shwedagon-Pagode in Rangun, einer jahrhundertealten goldenen Tempelanlage, die durch ihre Höhe von achtundneunzig Metern vor allem nachts von jeder Ecke der Stadt aus gesehen werden kann. Sie gilt als das wichtigste religiöse Zentrum des Landes. Für den Besuch hatte ich extra lange Jeans und ein T-Shirt mit Ärmeln angezogen, in meiner Tasche steckte ein Pashmina zum Bedecken der Schulter- und Halspartie.

Ich fühlte mich bestens vorbereitet, ich wollte eine gute Reisende sein, keine dieser Fremdschäm-Touristinnen, die in arschknappen Shorts und Bauchfrei-Tops die Einwohner schockieren und »Es ist so heiß« stöhnen. Die Damen am Ticketschalter schätzten meinen vorausschauenden interkulturellen Gehorsam allerdings wenig. Aufgeregt tuschelnd zeigten sie auf mich.

»No good«, übermittelte mir schließlich eine Frau die schlechten Nachrichten.

»No good what?«, fragte ich irritiert.

Sie zeigte auf meine Hose. Dazu muss man wissen: Die Jeans hatte Löcher. Also keine, die beim Hinfallen entstanden sind. Ich habe die Hose modisch löchrig gekauft. Und offenbar war das Durchblitzen meines Viertelknies zu viel für die Shwedagon-Sittenwächterinnen.

»Kein Problem«, meinte ich. »Ich binde mir einfach meinen Pashmina um. Schon sieht man nichts mehr, alles verdeckt.«

Doch mein selbstgebasteltes Beinkleid beeindruckte die Damen nicht.

»No good.« Sie zerrten an meinem hellgrauen Schal, der für ihre Begriffe nicht blickdicht genug war. Dann verwiesen sie auf ein Schild, das die Kleiderordnung für religiöse Stätten erklärte: keine High Heels, keine Spaghettiträger-Tops, keine Miniröcke. Von löchrigen Jeans stand da nichts. Die Situation schien für die Style-Patrouille selbst neu zu sein, aber man traute sich auch ohne Verbotsschild zu entscheiden, dass mein Beinkleid nicht sittenkonform war. (Langsam begann ich zu verstehen, warum ein kleiner Junge auf der Straße mich so mitleidig angesehen hatte. Er dachte wahrscheinlich, die arme Ausländerin kann sich nicht einmal ordentliche Hosen leisten.)

Ich kam ins Schwitzen, und das hatte nicht nur mit den 90 Prozent Luftfeuchtigkeit in Rangun zu tun. Ich war bereits den gesamten Weg hierher zu Fuß marschiert, und nun sollte ich nicht in die Pagode hineindürfen, obwohl ich bei der Affenhitze lange Jeans plus einen um den Allerwertesten gewickelten Pashmina trug?!

Die Lösung lautete schließlich: hundert Prozent Polyester. Für umgerechnet drei Euro verkaufte man mir am Eingang der Stupa einen wild gemusterten bodenlangen Wickelrock, der an einen Putzkittel erinnerte. Aber für Stilfragen war nicht der richtige Zeitpunkt, ich hatte keine andere Wahl.

»Der ist hässlich«, maulte ich.

»Den ziehst du an«, befahl die beängstigend kluge Schwester.

Binnen Minuten war meine Jeans durch den Polyester klatschnass geschwitzt.

Als wir abends zurück im Hotel waren, wollte ich den feuchten Plastikrock entsorgen.

»Behalt das Teil lieber«, warf die Schwester mahnend ein. »Andere Länder, andere Sitten. Wenn du weiterhin nur mit dieser einen Hose im Gepäck reist, wirst du den Putzkittel vielleicht noch öfter brauchen. In Indien mögen sie sicher auch keine modisch durchblitzende Haut.«

Also liegt das Teil jetzt für die Weiterreise in meinem Koffer. Man weiß ja nie.

Reden wir über:
ANDERE LÄNDER, ANDERE SITTEN

Wieso lügen mitunter Trumpf ist,
wenn es um den Beziehungsstatus geht

Frau. Alleinreisend. Kein Ring am Finger. Und die Frage: »Du hast keinen Mann?!« In Afrika habe ich die Sache noch hochmotiviert zu erklären versucht. Aber für »Hat eben nie gepasst«, »Wir wollten nicht dasselbe« oder »Er war ein fremdgehender, blöder Arsch« erntete ich meist nur verständnisloses Kopfschütteln. In Asien und in hochzeitsfixierten Kulturen, in denen man sich um in die Jahre gekommene Single-Frauen ernsthaft sorgt (»Wer soll die Arme noch nehmen?«), bin ich mittlerweile dazu übergegangen, zu sagen: »Ich bin vergeben, mein Partner hat keinen Urlaub bekommen.« Keine euphorischen Brandreden mehr aufs Singleleben, keine feministische Wertediskussion. Die Energie spare ich mir für wichtigere Dinge auf.

· · · · · · · · · · · · · ·

Hinter jeder Grenze wartet ein neues Universum.
Aber diese vier Punkte gelten überall:

1. **Kein Geld für bettelnde Kinder.** Ich weiß, wie herzlos das klingt. Und am liebsten würde ich alle mitnehmen und aufpäp-

peln. Aber verteilt man Geld, sehen die Kleinen nie eine Schule von innen, als Bettelnde unterstützen sie auch ohne Bildung die Familienkasse. Wahllos Süßigkeiten oder Stifte zu verschenken ist ebenfalls kontraproduktiv, weil die Kleinen dadurch erst recht zum Betteln animiert werden. Manchmal habe ich an eine lokale NGO (Nichtregierungsorganisation), die Kinder von der Straße holt, gespendet. Das schien mir am vernünftigsten. Gegen einen Apfel, eine Flasche Saft oder eine gekaufte Mahlzeit spricht wahrscheinlich auch nichts.

2. Die Vierer-Formel. Habe ich von einem redseligen Schlitzohr-Verkäufer in Afrika gelernt: Im Basar den genannten Preis durch vier teilen und schauen, was passiert. Ich spreche hier übrigens nicht von Gemüsemärkten, sondern von Geschäften mit Souvenirs, Kleidung oder Taschen. An den Augen des Händlers lässt sich sofort ablesen, ob er das Gegenangebot als Affront (= Ware ist hochwertiger) oder Startschuss zum fröhlichen Feilschen (= da ist noch ein Gewinn drin) empfindet. Auch wenn ich mir anfangs wie eine Halsabschneiderin vorgekommen bin, die Vierer-Formel stimmt erstaunlich oft, nicht nur in Afrika.

3. Den Taxi-Preis vorher aushandeln. Mit dem Handy herumfuchteln, um zu demonstrieren, dass man die Fahrt per Livenavigation überwacht, reduziert ebenfalls Umwege.

4. Bitte lächeln?! Fotos sind ein Teufelszeug, nicht nur für mich, den Globetrottel, der es geschafft hat, durch eine falsche Kameraeinstellung 90 Prozent seiner Reisebilder auf Thumbnail-Größe zu knipsen. Vielerorts herrscht der Aberglaube, man stiehlt mit dem Foto die Seele des Menschen. Und irgendwie stimmt's ja auch, ein Bild gilt nicht umsonst als gelungen, wenn es das Wesen der Person einfängt. Vorher zart anzufragen, ob's okay ist, abzudrücken, gebietet der Respekt.

Eat the world. Keine Angst vor Magen-Darm, wenn man Folgendes beherzigt:

Meine Reise hat gezeigt: Ich bin unbesiegbar. Zumindest trifft das auf meinen Magen-Darm-Trakt zu. Kein Durchfall, keine Kolik, keine Tintenfisch-Vergiftung. Nichts. Und das ohne besondere Vorkehrungen, einzig gab's hin und wieder ein probiotisches Pulver. Ich habe mich an die alte Faustregel gehalten: »Cook it, boil it, peel it or forget it!« Soll heißen: Was nicht gekocht, durchgebraten oder geschält war, stand erst einmal unter Generalverdacht. In hygienisch fragwürdigen Imbissbuden griff ich zur frittierten Kalorienbombe statt zum Salat. Und Obst kann man notfalls auch mit einem Feuchttuch abrubbeln (schmeckt zwar ein bisschen seifig, aber was soll's). Milch, Eiscreme und Eiswürfel mag ich nicht, insofern war ich in tropischen Ländern ohne gesicherte Kühlkette aus dem Schneider. Und wenn mich wirklich was anlachte – Mund auf und durch. Die Entdeckung der Welt ist erst im Magen komplett. Ich war in jedem Land in mindestens drei Gerichte schockverliebt. Tansanisches Ugali mit Gemüsesauce! Südafrikanischer Malva-Pudding! Japanisches Okonomiyaki! In Argentinien und Japan habe ich vor lauter Begeisterung sogar Kochkurse belegt. Außerdem: Mit jedem Gericht lernt man auch Geschichte, alle alten Herrscher haben eine Geschmacksspur hinterlassen.

. . . .

12

ABBRUCH UND NEUSTART
BEI DEN MÖNCHEN

Vientiane, Don Det und Chiang Mai, Laos und Thailand
Juni
Zurückgelegte Distanz:
91 060 KILOMETER

Am besten gleich die Wahrheit: Ich habe erstmals auf dieser Weltreise eine Destination abgebrochen. Taataa, jetzt ist es raus. Laos und ich, wir sind nicht wirklich Freunde geworden. Nach zehn Tagen in diesem Land habe ich fluchend meinen Koffer gepackt, um nach Chiang Mai, einer Stadt im Norden von Thailand, abzuhauen. Mein Abgang mag ein wenig überstürzt gewesen sein, aber ich konnte in diesem Moment nicht anders. Dabei ist Laos nicht schrecklich. Im Gegenteil. Ich habe dort sogar Momente erlebt, die ich später mal zahnlos und verknittert im Altersheim erzählen werde. Der Sonnenuntergang auf Don Det etwa, einer der 4000 Inseln ganz im Süden des Landes, war ein solcher Augenblick. Ich saß auf einem spartanisch zusammengezimmerten Fischerfloß.

Die Dorfjugend badete im sommerwarmen Mekong. Kein Straßenlärm (Don Det ist autofrei), nur das Plätschern des Flusses und Bootsführer Eir, ein ehemaliger Barsänger, der mit sanfter Stimme ein laotisches Lied summte, während vor uns der weite Himmel und die Wolken rot und pink zu leuchten begannen. Das Farbspektakel war so gewaltig, dass ich kurz dachte, da wäre was Halluzinogenes in meiner Wasserflasche. Hätte ja sein können. Don Det ist eine Hippie-Insel, auf der Dorfstraße werden Space Cakes, Kekse und Küchlein mit Cannabis, verkauft. Aber beim Studium des psychedelischen Panoramas begann ich schnell zu begreifen: Da waren keine Drogen in meiner Flasche, die Natur brachte hier bloß gerade wieder einmal Dinge hervor, die sich ein Mensch nie ausdenken könnte, so facettenreich, magisch und wunderbar kitschig waren sie.

Trotzdem ... am Ende wollte ich weg. Weg aus dem einzigen Binnenstaat Südostasiens, der zwischen China, Vietnam, Kambodscha, Thailand und dem ehemaligen Burma eingezwickt liegt. Weg von den Laoten, die nicht unbedingt die hilfsbereitesten Menschen unter der Sonne sind. Und auch weg von Hansi, meiner Reisebegleitung.

Hansi heißt eigentlich Johanna und ist eine flotte Sechzigjährige aus Wien. Eine gepflegte, weit gereiste, alleinstehende Frau, die bis vor Kurzem als Pressesprecherin in einem großen Konzern gearbeitet hat und das Wort »Pension« selbst unter Androhung von Folter nicht in den Mund nehmen wollte. Lieber sagt sie, sie sei »freischaffend«, das klingt weniger nach Friedhof oder »komposti«, wie sie es nennt. Jedenfalls: Hansi habe ich auf meiner Safari-Tour in Tansania kennengelernt, auf meinem ersten Weltreise-Stopp. Als ich ihr damals meine Route erklärte, meinte sie: »Lass uns im Sommer in Laos treffen, da wollte ich schon immer mal hin.« Also haben wir die Hauptstadt Vientiane als Treffpunkt vereinbart. Und Hansi, die nach alter Schule reist und immer ein dickes Bündel Bargeld zum Wechseln mitführt (Plastikgeld und Bankomaten traut sie nicht), merkte bald nach der Landung, das wird nicht einfach werden – mit mir, ihr und dem Land.

Ich will gar nicht lamentieren und mich in Detailgeschichten verlieren. Manche davon waren ja auch lustig, etwa jene, als wir den Hausmeister eines Hotels in Vientiane rufen mussten, weil eine riesige Spinne in unserem Zimmer saß. Unser Retter in der Not kam lustlos mit einer Grillzange aus Holz angeschlurft. Genauso gut hätte er auch probieren können, einen Elefanten mit einem Schmetterlingsnetz zu fangen. Am Ende zogen wir in ein neues Zimmer um, ohne Monsterspinne, wo ich unsere Wertsachen und Hansis Reisekasse in den Zimmersafe einschließen wollte.

»Hansi, schau mal. Ich fürchte, da willst du deinen Zaster nicht bunkern«, sagte ich.

»Warum?«, fragte sie.

Ich zeigte wortlos auf den Safe. Ein standardmäßiger Zimmertresor mit Zahlentastatur. Nicht so standardmäßig war allerdings die Befestigung. Es gab keine. Der Safe stand lose in einer Wandnische, darauf wartend, hinausgetragen zu werden. Robbery-to-go quasi.

»Ha, alles, was ich vorab über das Land gelesen habe, stimmt«, sagte Hansi triumphierend. Sie hatte sich zum Einstimmen auf die Reise eine Krimibuchserie, die in Laos spielt, besorgt. »Dort wird herrlich beschrieben, wie die Laoten sind:

nett, aber konfus. Bemüht, aber eben auch ein bisschen unbeholfen. Die hatten ewig lange ein kommunistisches Regime, da kannst du nicht erwarten, dass sie sich verantwortlich für Dinge fühlen oder im Hotel einen gewissen Service bieten. Denen ist das egal, jeder macht nur das, was er gesagt kriegt – basta.«

»Das sind alles Phlegmoten hier«, meinte ich, eine Wortkombination aus »Chaoten«, »Laoten« und »Phlegmaten«.

»Ach, du bist viel zu kritisch, du junges Ding«, schimpfte Hansi, die ewige Optimistin.

Den Satz hat sie mir noch des Öfteren gesagt. Mag sein, dass Hansi recht hat. Wobei: Wer Thailand als Reiseland kennt, wird sich mit Laos schwertun. Zum einen, weil es landschaftlich nicht ganz so beeindruckend ist wie der Nachbar. Okay, das ist jetzt extrem subjektiv, aber in Laos gibt es kein Meer (Binnenstaat), und der Mekong ist einen Großteil des Jahres braun und trüb. Hinzu kommt: Gut 50 Prozent der Landfläche sind vermint. Zwischen 1964 und 1973 wurden während des Vietnamkriegs von den US-Amerikanern zwei Millionen Tonnen Bomben über Laos abgeworfen, bis heute töten hochgehende Blindgänger laotische Bauern. Jene Regionen, die sicher bereist werden können und auch halbwegs was hermachen, sind meiner Meinung nach überschaubar. Vientiane, die Hauptstadt, ist ganz hübsch mit ihren französischen Kolonialgebäuden, den kleinen Shops, Galerien und dem Nachtmarkt. Don Det – perfekt für ein paar Tage, wenn man es recht ursprünglich mag. Luang Prabang – gut für alle, die noch nicht genug Tempel gesehen haben. Das war's dann aber auch.

Als Tourist steht man in Laos zudem oft ratlos und verloren da. Zum einen, weil Busse völlig undurchsichtig organisiert sind. Oft muss man nach 300 bis 400 Kilometern Strecke in einer namenlosen Stadt umsteigen. Was an sich kein Problem darstellt, bloß: An den Haltestellen ist kein Anschlussbus zu finden. »Anderer Busbetreiber, der fährt hier nicht ab«, bekam ich oft zu hören, obwohl auf dem Ticket nicht ausgewiesen war, dass es sich um unterschiedliche Busunternehmen handeln würde, auf der Fahrkarte stand nur die Zieldestination. Auf meine Nachfrage »Wo muss ich denn dann hin?« wurde meist vage in eine Richtung gezeigt. Wenn man überhaupt eine Reaktion erhielt.

Nach zehn Tagen reichte es mir. Ich hatte genug von der sengenden Hitze, dem Staub, dem Schweiß, der Herumfahrerei und den häufig sehr verschlossenen Leuten. Mir fehlten beschauliche Plätze zum Durchatmen. Aber wenn ich ehrlich bin, am meisten fehlte mir das Alleinsein. Oder nennen wir es das alleinbestimmte Reisen. Ich merkte, wie Frustration in mir hochstieg, sobald ich mich nach Hansi richten musste und meinen eigenen Rhythmus gestört sah. Ich wollte nicht auf sie warten, ich wollte nicht über das Gesehene diskutieren, ich wollte eigentlich gar nicht mehr reden. Ich plaudere beim Reisen generell nicht viel, dafür rattert es in mir zu sehr, in meinem Kopf ist es sehr laut (okay, das klingt jetzt verrückt, das sehe ich selbst ein, aber »laut« beschreibt die Sache am besten). Und ich fürchte, der Altersunterschied von fast fünfundzwanzig Jahren war ebenfalls zu viel, obwohl Hansi eine der coolsten Alten ist, die ich kenne. Das mit »Alte« ist übrigens als Kompliment gemeint.

»Hansi, ich glaube, Laos ist nichts für mich«, druckste ich schließlich bei einem Abendessen herum. »Sei mir nicht böse,

aber ich werde nach Chiang Mai abhauen. Das ist die Kultur-
hauptstadt Thailands, und die Thais sind nett. Außerdem reise
ich besser alleine.«

Hansi schluckte erst ein wenig. Solo durch Laos zu fahren
war nicht die Art von Urlaub, die sie sich vorgestellt hatte. Aber
letztlich verstand sie mich.

»Du wirst schon sehen«, meinte sie lachend beim Abschied. »Die Laoten werden mich am Ende auf einer Sänfte he-
rumtragen und jeder wird mich freundlich grüßen, die brauchen nur Zeit.«

»Schick ein Beweisfoto, wenn's passiert«, sagte ich.

Dann umarmte ich sie am Flughafen zum Abschied und
wurde wieder ich.

Und auch wenn es ein wenig übertrieben wirken mag, nach
dem Laos-Desaster habe ich erst einmal in ein Kloster einge-
checkt. Zwei Tage Schweigen und Meditieren im Dschungel
vor Chiang Mai schien mir nach dem Dauerreden in Laos genau das Richtige zu sein. Es hätte auch Meditationsprogram-
me gegeben, die zehn Tage dauern, für alle, die die Sache richtig ernst meinen. Das war mir dann doch zu viel. Ich wollte erst
einmal nur schnuppern, wobei ich das Meditieren nicht bei ir-
gendjemandem lernen wollte, sondern bei den coolsten Mönchen von Chiang Mai. Das ist nicht nur so dahingesagt, die
buddhistische Gemeinschaft von Wat Suan Dok ist wirklich
cool. Sie hat neben dem Crashkurs für Erleuchtungssuchende
auch ein Programm namens Monk Chat. Dabei stellen sich
Mönche jeden Abend zwischen 17 Uhr und 19 Uhr gratis zum
Plaudern zur Verfügung. Als Tourist kann man unangemeldet

zu ihnen hinspazieren und die Ordensbrüder mit Fragen zum Leben und zur Liebe löchern. Die Mönche verbessern so ihr Englisch und die Besucher bekommen Denkfutter für ihr sonnenverbranntes Urlaubshirn. Eine Win-win-Situation. Jedenfalls: Hätte meine Oma mich gesehen, wie ich da im Tempelgarten wandelte, sie hätte die Hände über dem Kopf zusammengeschlagen und gemeint: »Um Gottes willen, jetzt ist das Kind auch noch bei einer Sekte!« Im Meditationszentrum von Wat Suan Dok gilt eine strikte Kleiderordnung: Als Schüler hat man komplett Weiß zu tragen. Weiße Leinenhose, weißes Shirt, alles züchtig, ohne Ausschnitt und nur ja nicht transparent. Das mit dem »nicht durchsichtig« hat eine Britin, Typ stark geschminkte Psychologie-Studentin, nicht ganz so ernst genommen. Immer wenn wir uns vor der Buddha-Statue niederknieten und uns tief verbeugten, hatte ich die Umrisse ihres schwarzen String-Tangas vor Augen. Aber in Summe machten wir schon was her – zwanzig Menschen in blütenweißer Kluft, barfuß und stillschweigend in sich gekehrt. »Versucht so wenig wie möglich zu sprechen«, hatte unser Lehrer-Mönch, ein freundlicher Thai mit kreisrundem Gesicht und kahl rasiertem Schädel, zu Beginn des Kurses gebeten. Während die String-Tanga-Britin skeptisch das Gesicht verzog, seufzte der Einsiedlerkrebs in mir zufrieden auf. Ich wollte Silentium, jetzt bekam ich Silentium. Halleluja. Oder Om, wie man wahrscheinlich besser sagt.

Nun ist es ja so: Beim Meditieren geht es darum, sich schweigend von allem zu lösen. Von bösen Gedanken. Von guten Gedanken. Vom Denken überhaupt. So wie der Körper Ruhepausen braucht, sollte auch das Hirn mal leerlaufen können, ohne konfuse Träume und Wünsche. »Glücksgefühle gehen vorbei, Wut geht vorbei, man muss die aufkeimenden Emotionen als das erkennen, was sie sind, flüchtige Momente, und dann gilt es, sie loszulassen«, hat der Lehrer-Mönch zu Beginn mit sonorer Stimme gepredigt. »Das Leben ist Veränderung, nichts ist von Dauer. Wer sich an nichts klammert, der hat nichts zu verlieren. Das bringt eine wunderbare Leichtigkeit.«

In diesem Moment dachte ich nur: Das war's, ich geh wohl mal besser. Denn während der Mönch auf der Bedeutung des Nichts-Wollen herumritt, hämmerte in meinem Kopf: Ich will, ich will, ich will.

In diesem konkreten Fall wollte ich seinen zufriedenen, völlig losgelösten und entspannten Gesichtsausdruck. Der war nicht flüchtig, der war echt. Fünfunddreißig Jahre sei er alt und seit zwanzig Jahren lebe er im Kloster, hatte der Mönch in der Vorstellungsrunde erzählt. Ausgesehen hat er wie maximal fünfundzwanzig, und da hatte ich den »Die-Asiaten-altern-halt-gut-Bonus« schon mit eingerechnet. Mehr noch: Alle Geistesbrüder in Wat Suan Dok sahen jünger aus. Keine Zornesfalten, keine strengen Linien um die Mundwinkel, jede Gesichtspartie weich, locker und fast gütig. Meditation schien eine Art Wunder-Botox zu sein. Ich war angefixt. Und gleichzeitig dämmerte mir: Das mit dem wundersamen Botox wird nichts. Denn es zu wollen ist schon zu viel.

So saß ich im Lotussitz, die Augen geschlossen, die Mundpartie zu einem nimmersatten, schmalen Schlitz verkniffen. Ich wollte Kekse. Ich wollte den indigoblauen Strandkaftan, den ich in einer Boutique in Chiang Mai gesehen hatte. Ich wollte das buddhistische Botox, zumindest ein bisschen was davon gegen die Krähenfüße. Ich wollte ein Wiedersehen mit Richard, dem tollen Mann, den ich in Brasilien kennengelernt hatte, und wahrscheinlich wollte ich sogar eine Zukunft mit ihm. »Löst euch von euren Gedanken«, instruierte uns der Mönch mit sanfter Stimme. »Lasst sie vorbeiziehen, haltet nicht an ihnen fest. Ihr seid mehr als euer Geist. Ignoriert ihn. Ignoriert Ärger. Ignoriert Wut.« Einatmen. Ausatmen. Der blaue Beach-Kaftan und Richard tanzten verführerisch durch meine Gehirnwindungen.

Ich will, ich will, ich will.

Irgendwann tat mir das Steißbein weh, unruhig wetzte ich auf meinem Meditationskissen hin und her. Wie viel Zeit wohl vergangen war? Ich öffnete die Augen und riskierte einen schnellen Blick auf die Uhr über der Tür. Erst fünf Minuten?! Augen wieder zu. Einatmen. Ausatmen. Das Steißbein ignorieren. Dem Vogelgezwitscher draußen keine Beachtung schenken. Nach zehn Minuten war mein Geist durch die vielen Ignorier-Versuche geschafft. Ich fühlte mich, als hätte ich stundenlang einen Boxkampf geführt. Und das Frustrierende war: Ich hatte gegen mich selbst gekämpft, einen Gegner, den ich eigentlich kennen sollte. Trotzdem hatte ich haushoch verloren.

Der Mönch fand das alles nicht weiter schlimm. »Wichtig ist nur, dass ihr euch selbst vergebt, wenn das Meditieren nicht klappt. Vergebung ist die Basis von allem.« Als er vom Verzeihen sprach, kam mir unweigerlich mein betrügerischer Ex in den Sinn. »Dem verzeihe ich erst mal gar nichts!« Mit grimmiger Miene vertraute ich auf die ausgleichende Macht des Karmas. »Und mir selbst verzeihe ich nicht, dass ich mich auf diesen notorischen Fremdgänger überhaupt eingelassen habe.«

Als konnte der Mönch meine Gedanken lesen, verlautbarte er: »Wenn das mit dem Verzeihen nicht sofort klappt, versucht zumindest zu vergessen. Forgive, forget and let go.« Schon besser.

Viermal versammelte uns der Lehrer-Mönch an diesem Tag noch zu Meditationsübungen. Zehn Minuten, fünfzehn Minuten, fünfundzwanzig Minuten, eine Dreiviertelstunde. Er erklärte uns, wie man im Stehen und sogar im Zeitlupentempo gehend meditieren kann. »Wer innere Ruhe sucht, sollte in jeder Körperhaltung zu sich finden können.« Vom Meditieren im Liegen hingegen riet er ab. Zumindest vorläufig. Das sei nichts für blutige Anfänger, wir würden die Pose zu leicht mit Schlaf assoziieren und einschlafen.

Meditation heißt: Geduld haben. Mit sich selbst. Mit anderen. Mit der eigenen Gier. Vor dem Essen ließ uns der Mönch über die vorgesetzte Nahrung reflektieren. Wir sollten uns beim Universum für volle Reisschüsseln bedanken und uns bewusst machen, wie viel oder wie wenig der Körper wirklich braucht. Er erzählte uns, dass er als Mönch es sich nicht erlauben kann, ein Lieblingsgericht zu haben. »Wir Mönche in Thailand ziehen jeden Tag bei Sonnenaufgang mit unseren Näpfen von Haus zu Haus und sind auf Almosen der Bevölkerung angewiesen. Landet Reis in meiner Schüssel? Sind es Nudeln? Ist es vielleicht gar nichts? Ich weiß es nicht. Also muss ich Nahrung erwartungsfrei sehen und als das, was sie ist: Treibstoff für den Körper. Würde ich Schokolade lieben, wäre ich ständig enttäuscht, weil es nun mal nicht in meiner Hand liegt, ob es Schokolade gibt oder nicht.«

Gut, das mit mir und einer Karriere als Mönch beziehungsweise Nonne konnte ich also ausschließen. Natürlich könnte ich ohne Schokolade leben, aber ich will nicht. Ich will Gelüste haben und sie ausleben dürfen, buddhistisches Wunder-Botox als Anreiz hin oder her.

Als wir am nächsten Morgen kurz sprechen durften und der Mönch eine Frage-Antwort-Runde einläutete, legte ich die Karten auf den Tisch. Ich gab zu, dass ich das Gefühl hätte, gar nicht erst zum Meditieren zu kommen, weil ich ständig damit beschäftigt sei, meine aufkeimenden Gedanken niederzukämpfen. »Ich denke ständig: Ups, ich darf nichts denken. Und dann merke ich: Mist, jetzt habe ich ja doch wieder gedacht.«

Der Mönch lächelte wissend. Dann meinte er: »Dein Hirn ist ein Affe.«

Na wunderbar. Ein Pavian? Ein Gorilla? Ein sexbesessener Bonobo vielleicht, in Anbetracht dessen, wie oft ich an Richard, den rattenscharfen Kanadier, dachte? Und überhaupt: Ich mag keine Affen. Sie sind mir unheimlich. Klar, die Tiere sind smart, doch bis auf die Gorillas benutzen sie ihr Hirn selten für gute Dinge, immer nur für Schabernack. In Tansania habe ich beobachten können, wie Paviane rotzfrech Safari-Touristen beklauten. Und ein Mitreisender hatte mir erzählt, ein Affe hätte von einer Baumkrone aus punktgenau auf ihn gepinkelt und seine Kamera eingesaut.

»Und was mache ich jetzt mit dem Tier?«, fragte ich.

»Du musst deinen Affen jeden Tag trainieren. Affen sind schlau, aber ebenso ein bisschen verrückt. Sie springen wie deine Gedanken wild herum. Wenn du deinem inneren Affen jedoch jeden Tag zeigst, was er machen soll, wird er es irgendwann tun. Du brauchst nur genügend Disziplin.«

»Ich muss also auch am Samstag und Sonntag meditieren? Kein Wochenende? Keine Pause?«

»Keine Pause«, sagte der Mönch und lächelte abermals.

Als ich bei der nächsten Sitzung wieder vor Ablauf der vereinbarten Zeit die Augen öffnete, um auf die Uhr zu schielen, sah ich den Lehrer-Mönch vor uns im Lotussitz. Ich hatte angenommen, er würde nicht jede Meditation mitmachen, sondern hin und wieder aus dem Raum gehen oder uns beobachten. Aber der Mönch saß selig mit geschlossenen Augen auf seinem Podest, sein Atem ging ruhig und regelmäßig, seine Körperhaltung war aufrecht und entspannt. Er schien eins mit sich und der Welt, in die er gerade abgetaucht war.

»Ich will das, was du hast«, sagte ich zum Abschied zu ihm. »Ich weiß, ich darf nichts wollen. Aber ich will wirklich versuchen, ein bisschen von dem, was du uns gezeigt hast, in meine Welt mitzunehmen.«

»Dann vergib deinem Affen – und vergib dir selbst.«

Keiner hat gesagt, der Weg zur Erleuchtung sei leicht. Ich geh jetzt wieder meinen Affen domptieren. Hilft ja nichts.

13

ICH SEHE TOTE MENSCHEN
(UND VIELES ANDERE)

Neu-Delhi, Jaipur, Agra, Varanasi und Trivandrum, Indien
Juli
Zurückgelegte Distanz:
93 954 KILOMETER

Meine Freundin Christiane, eine patente Unternehmensberaterin, die hochgradig urlaubsreif war, brachte den Stein ins Rollen. »Was ist eigentlich mit Indien?«, fragte sie. »Willst du da noch hin oder eher nicht?«

Mist, da war sie, die gefürchtete Frage. Ich hatte Indien nie auf meine Weltreiseliste gesetzt, weil ich wusste, dass der Anblick der bettelnden Kinder mir das Herz zerreißen würde. Und durch ein Land reisen, in dem es Gruppenvergewaltigungen und offen tolerierte Gewalt gegen Frauen gibt? Da hatte ich dann doch Schiss.

Andererseits fühlte ich mich fast magisch angezogen von einer sehr speziellen Stadt im Nordosten des Landes: Varanasi, der heiligen Todesstadt der Hindus. Ich hatte eine Fernsehreportage darüber gesehen, und ich weiß noch, am Ende war ich baff. Da pilgerten Gläubige scharenweise zum Sterben an den Ganges. Ich wollte mir selbst ein Bild davon machen, wie schlimm die Luft in den Vierteln riecht, in denen Tag und Nacht Leichen verbrannt werden. Das mag abstrus und morbide klingen, aber ich bin der Meinung: Wer sich beizeiten mit dem Tod auseinandersetzt, bejaht das Leben mehr.

»Ich weiß nicht«, eierte ich also in bester Waltraud-Manier herum. »Du kennst ja meine Bedenken. Vielleicht mache ich Indien mal zu einem späteren Zeitpunkt, mit einem Mann als Begleitschutz.«

»Geh, Blödsinn. Lass uns gemeinsam durch das Land touren«, schlug Christiane vor.

Ich sagte erst mal nichts und lenkte das Gespräch in eine andere Richtung. Nicht weil ich Christiane nicht mag. Sie ist eine der nettesten Frauen, die ich kenne. Ich zögerte deshalb, weil ich nicht wusste, ob ich erneut Besuch haben wollte. Denn eine Weltreise und Urlaub vertragen sich nicht besonders gut. Urlauber hauen ihr Geld in Rekordzeit auf den Kopf. Schöne Hotels, Shopping, eine Massage im Spa, es sei ihnen von Herzen gegönnt. Aber als Weltreisende fühlt man sich dabei schnell wie eine arme Kirchenmaus. Außerdem: Ist man länger unterwegs, werden plötzlich andere Dinge wichtig. Ich will nicht mehr jede Sehenswürdigkeit, die im Reiseführer steht, abklappern. Ich möchte Leute beobachten und stinkfade, »normale« Dinge tun. Manchmal verbringe ich einen Tag einfach nur damit, im Supermarkt einzukaufen und meine Schmutzwäsche zu waschen. Beides gibt mir das Gefühl, ein funktionierendes Mitglied der jeweiligen Gesellschaft zu sein.

Außerdem hatte ich auf dieser Weltreise bereits zu viele Stippvisiten, zumindest für meinen Geschmack. Tina aus New York tröstete mich in San Francisco. Meine Schwester reiste mir nach Myanmar nach. Pensionistin Hansi traf ich in Laos, wo ich bekanntlich genervt vom rauen Charme des Landes und unserer Dauerkommunikation nach wenigen Tagen hinschmiss und die rüstige Dame allein in der Hauptstadt Vientiane zurückließ. Ach ja, und Julia, eine Freundin aus Wien, quartierte sich eine Woche in Rio bei mir ein. Ursprünglich wollte sie vier Wochen bleiben, doch ich bekam Panik und wimmelte sie ab.

»Vor deiner Abreise hast du aber getönt, dass du unbedingt Besuch haben willst, deswegen bin ich überhaupt erst auf die Idee gekommen, nach Rio zu reisen!«, meinte sie beleidigt.

»Das ist Monate her«, wand ich mich. »Ich werde ja wohl noch meine Meinung ändern dürfen. Ich möchte Rio auf mich allein gestellt entdecken. Bitte!«

Am Ende zog Julia ohne mich durch Brasilien und nächtigte in schicken Boutique-Hotels, die ich mir nicht leisten wollte und konnte. Und ich wusch derweil in Rio de Janeiro zufrieden im benachbarten Waschsalon meine Wäsche, kaufte gefühlte dreißigmal Açaí bei meinem Lieblingshändler und lernte obendrein Richard kennen. (Zur Info: Wir schicken uns mal wieder Nachrichten, keine Ahnung, wohin das noch führen soll.)

»Soll ich nun kommen oder nicht?« Christiane pochte ein paar Tage später auf eine Entscheidung. »Wenn ja, müsste ich bald buchen, sonst wird der Flug zu teuer.«

Ich gab mir einen Ruck und murmelte: »Okay, lass uns Indien machen. Ich setze mich mit meinem Reisebürohelden in

Verbindung und schau mal, ob er die Sache im Round-the-World-Ticket günstig einschieben kann.« In meinem Kopf formulierte ich den Nachsatz: »Das ist aber wirklich das letzte Mal, dass mir jemand nachfliegt.« Auch wenn Christianes Besuch bedeutete, dass ich mein Einsiedlerkrebs-Dasein und meinen inneren Reiserhythmus erneut unterbrechen musste – Delhi, Jaipur, das Taj Mahal und das Sterbe-Mekka Varanasi würden es die Sache hoffentlich wert sein.

»Du bleibst zwei Wochen, oder?«, fragte ich nach.

»Ja«, erwiderte Christiane.

»Dann hänge ich noch zehn Tage dran, um den Süden zu erkunden. Nur ich und die hormongebeutelten Inder, der Himmel steh mir bei.«

Mittlerweile weiß ich: Der Himmel scheint meinen Ruf gehört zu haben, er zeigte Erbarmen. Christiane traf es weniger gut. Als sie in Neu-Delhi landete, lief ihr gleich ein exhibitionistisch veranlagter Inder über den Weg. Bei ihrem Anblick, Christiane ist eine kurvige Dunkelhaarige mit großen, runden Augen, zog er sich die Hose runter und präsentierte ihr geifernd sein bestes Stück. Im Hotel wiederum wurde sie von einem schockverliebten Rezeptionisten empfangen.

»You all alone here?«, singsangte er im typischen Indisch-Englisch.

»Nein, meine Freundin kommt am Nachmittag.«

»What will you do in the meantime?«, wollte er wissen.

»Ich werde in meinem Zimmer auf sie warten«, meinte Christiane.

»All alone?«

»Yes.«

»But what do you want to do in your room all alone?«
Als die Befragung des schnauzbärtigen Romeos kein Ende nahm, schnappte sie sich genervt ihren Reisepass und beschloss, die Zimmertür sicherheitshalber von innen zu verriegeln.

»Und ... hast du auch schon einen Penis gesehen?«, fragte Christiane, nachdem ich im Hotel aufgeschlagen war.

Ich entgegnete lachend: »Nein. Mich haben sie bislang verschont. Ich entspreche offenbar nicht dem gängigen Schönheitsideal.«

Dafür schienen es die indischen Männer auf mein Leben abgesehen zu haben. Egal wo wir waren – ob in Delhi, in Jaipur oder in Agra –, die Rikschafahrer wirkten hochgradig suizidal. Muss etwas mit dem Hinduismus und der Aussicht auf Wiedergeburt zu tun haben, das lässt sie offenbar gemeingefährlich furchtlos fahren. Wir sprechen hier übrigens nicht von den Fahrrad-Wallahs, ausgezehrten Männern, die durch die Brutalität des Lebens mit zwanzig wie vierzig ausschen und als menschliche Zugpferde keuchend durch die Straßen ziehen. Die Rede ist vielmehr von den motorisierten Rikschas. Diese PS-betriebenen Gefährte anzuheuern erschien uns humaner. Wir bereuten die Sache schnell.

»Vielleicht sollten wir ihnen sagen, dass wir keine Hindus sind und nur dieses eine Leben haben?«, japste ich, als wir wieder einmal bei einem besonders selbstzerstörerischen Exemplar zugestiegen waren und uns einem Kreisverkehr näherten. Christiane hatte bereits die Augen zugemacht und mit dem Leben abgeschlossen. Sowohl von links als auch von rechts kamen Autos auf uns zugeschossen. Keiner drosselte die Geschwindigkeit. In Indien bremst niemand ab, man gibt sich dem unerschütterlichen Glauben hin, dass es irgendwie gut geht.

»Ist euch aufgefallen, wie wenig Unfälle passieren, obwohl niemand seine Fahrspur einhält?«, fragte Shutri, eine junge Touristenführerin, als wir ihr den Vorfall später erzählten. Ihre englische Aussprache war perfekt, so kamen wir ins Plaudern.

»Unser Rikschafahrer hat fast jemanden touchiert«, warf ich ein.

»Dennoch gab es trotzdem keinen Crash, richtig?«, triumphierte sie. »Unser Fahrstil entbehrt vielleicht jeder Logik, aber im Großen und Ganzen macht er Sinn.«

»Aber Indien ist das Land mit den meisten Verkehrstoten auf der Welt!«

»Vergiss die Größe nicht ...«

So geht es die ganze Zeit. Indien, dieser 1,3 Milliarden Einwohner große Chaoshaufen aus Hindus, Christen und Muslimen, die rund hundert verschiedene Sprachen sprechen, ist schwer zu verstehen. Stets findet sich mehr als nur eine Antwort oder Erklärungsmöglichkeit. Bloß weil die Hindus im Norden kein Fleisch essen, heißt das noch lange nicht, dass das auch für die Glaubensbrüder im Süden gilt. Und das ständige Kopfwackeln bei Mann und Frau? Das kann »Ja«, »Vielleicht«, »Was ist los?« oder eine Million anderer Dinge bedeuten. Nur für eines steht die lustige Bewegung der Halsmuskeln nicht: für ein klares Nein. »Nein« sagt man nicht, das gilt als unhöflich.

Hingegen scheint man kein Problem mit öffentlich verrichteter Notdurft zu haben, zumindest gilt das für die Männer. Sie pinkeln aus Mangel von WC-Anlagen an Hausmauern und in Straßen, und findet sich doch mal ein Urinal, verfügt es meist über keine Türen. Für Frauen gibt es so gut wie keine öffentlichen Toiletten. Die Inderinnen behaupten, sie würden ihre Toilettengänge gut planen. Ich hege den Verdacht, sie tragen unter ihren Saris Windeln, anders kann das nicht funktionieren. Oft stehe ich mit verknoteten Beinen da.

Auf der vierzehn Stunden dauernden Bahnfahrt von Agra nach Varanasi war es am schlimmsten. Die Toilette war ein verdrecktes und von Fliegen umkreistes Loch, der Waggon selbst hatte ausgehängte Türen. Als ich vor Ekel würgend zurück ins Abteil taumelte, wäre ich fast aus dem fahrenden Zug gefallen. Ich wette, damit hätte ich es auf die Liste der dümmsten Todesfälle der Welt geschafft. Für den Rest der Fahrt verkniff ich mir jegliche Flüssigkeitszufuhr und flitzte, kaum im Hotel in Varanasi angekommen, aufs Klo. Erst danach begann ich die Umgebung zu inspizieren.

»Die könnten hier auch mal wieder wischen«, meinte ich zu Christiane, als wir auf den Balkon unseres Zimmers traten. »Schau dir das an!« Ich klopfte den Plastiksessel ab. »Alles komplett verstaubt! Und da, die Tischplatte! Die hat seit Monaten keinen Putzlappen gesehen.« Dann ließ ich langsam den Blick über den gelb-trüben Ganges und Varanasis Altstadt mit ihren bröckeligen Hausfassaden schweifen. Es dauerte eine Minute, vielleicht zwei. Schließlich sickerte es auch bei mir durch. »Oh mein Gott!«, hörte ich mich sagen. »Das ist gar kein Staub. Das ist Asche von toten Menschen.«

Christiane sah mich entgeistert an. Noch nie habe ich so schnell jegliche Farbe aus ihrem Gesicht weichen sehen. Stillschweigend musterten wir die Sessel, die mit einem grauen Schleier überzogen waren, den Fliesenboden. Wir wussten beide, dass es stimmte.

»Hundert Meter von hier soll das größte Burning Ghat liegen, das Viertel mit den meisten Scheiterhaufen«, sagte ich. »Und ich habe mich schon gewundert, warum meine Haare vorhin im Spiegel so grau gewirkt haben. Ich trage wahrscheinlich einen kompletten indischen Großvater auf mir herum.«

»Nur einen?« Christiane zog ihre Augenbrauen hoch. »Die verbrennen hier laut Reiseführer 200 Leichen pro Tag. Da schwirrt eine ganze Armee toter Menschen durch die Luft.«

Ich hatte mir vorher viele Gedanken zu Varanasi, einer der ältesten und spirituellsten Städte Indiens, gemacht, ich wollte ja unbedingt hierher. Aber das mit dem Staub, der kein Staub war und sich in jede Hautpore legte, hatte ich nicht bedacht. Plötzlich sahen wir überall tote Menschen. Als Fleck im Handtuch. Als Fussel im Trinkglas. Sogar das Rührei am nächsten Morgen beim Frühstück wirkte irgendwie grau.

Dass jährlich Tausende Gläubige zum Sterben hierherpilgern, liegt einerseits am Hindu-Mythos, der besagt, dass Varanasi die Stadt Shivas ist. Obendrein gilt der Ganges als heiliger Fluss. Die Hindus nennen das Gewässer ehrfürchtig »Mutter Ganga«, nach jener indischen Göttin, die Leben schenkt, und attestieren ihm eine unendliche Reinigungskraft. Wer sich im (völlig verseuchten) Strom wäscht oder – noch besser – dreimal darin untertaucht, wird von seinen Sünden reingewaschen und erlöst. Heißt es. Mutter Ganga stellt außerdem eine Abkürzung ins Nirwana dar: Landen die sterblichen Überreste in ihren

Flussarmen, hilft das im nächsten Leben. Diesem Umstand ist geschuldet, dass die Hospize in Varanasi heillos überfüllt sind. Vierzehn Tage darf man in den recht spartanisch eingerichteten Häusern bleiben. Wer dann nicht gestorben ist, muss gehen (oder einen Hotelbesitzer bestechen, denn sterbende Gäste sind nicht gut fürs Herbergsgeschäft).

»Sieht ein bisschen wie die heruntergekommene Version von Venedig aus«, frohlockte ich, als wir uns nach draußen wagten und die alten Stadtpaläste, Tempel und bunten Boote betrachteten. Christiane sagte gar nichts. Sie schaute nur gequält auf den trüb-schmutzigen Ganges, in dem alles trieb, was der Umwelt-Gott verboten hatte: Styropor, Fäkalien, Essensreste, altes Metall, leere Chiliflaschen, menschliche Asche (okay, die war zumindest steril) und Berge von Flip-Flops.

»Denkst du, die Schuhe gehören den Wasserleichen?«, fragte sie.

Nicht jeder Tote in Varanasi wird verbrannt. Kinder, schwangere Frauen und Sadhus, hinduistische Geistliche, werden zusammen mit einem schweren Stein im Fluss versenkt. Ihre Seelen müssen nicht erst durch das Feuer gereinigt werden, sie gelten von Natur aus als heilig. Auch Leprakranke und Menschen, die nach dem Biss einer Kobra verenden, entsorgt man so.

»Die Toten sind nackt und in Stoff gewickelt«, gab ich zurück. »Die tragen keine Flip-Flops mehr.«

»Woher willst du das wissen?«

»Hab ich gelesen.«

»Und was passiert, wenn eine Wasserleiche auftaucht? Ständig sollen Leichen wieder hochkommen, oder zumindest Teile von ihnen.«

»Solche Überreste fressen wilde Hunde, die Natur regelt das von selbst«, klärte uns wenig später ein kleingewachsener alter Mann auf. Er stellte sich in gutem Englisch als Totengräber vor, sein braungebranntes Gesicht war von Falten übersät, die Augen aber wirkten erstaunlich jung. Wir waren beim wichtigsten Burning Ghat angelangt, drei Scheiterhaufen loderten bereits, vier neue wurden errichtet. Was auffiel: Es roch nicht süßlich oder nach verbranntem Fleisch. Es roch eigentlich gar nicht. Die Feuer loderten nur, ohne große Rauchentwicklung.

»Kommt näher«, lockte uns der Totengräber. »Burning is learning, cremation is reincarnation.«

»Verärgern wir durch unsere Anwesenheit nicht die trauernden Angehörigen?«, fragte ich unsicher.

»Nein, alles okay«, meinte er freundlich. »Nur Fotos sind nicht erlaubt.«

Christiane reagierte panisch. »Ich muss die Leichen nicht sehen. Sie machen mir Angst.«

Der Greis schaute sie belustigt an. »Aber auch du wirst sterben, meine Liebe«, sagte er. »Das ist alles ganz natürlich. Der Kreislauf des Lebens.« Dann schubste er sie näher Richtung Scheiterhaufen. Und das war gut so.

Denn auch wenn der Mann, der mit seinen achtundvierzig Jahren gar nicht alt war, sondern nur so aussah, am Ende Geld für seine Erklärungen erwartete – in Varanasi macht keiner etwas umsonst, die Stadt ist voll von geschäftstüchtigen Kleinganoven, Pseudo-Astrologen und marktschreierischen Händlern –, seine Erklärungen waren jede Rupie wert. Wir lernten, dass der erstgeborene Sohn – zu erkennen an den frisch abrasierten Haaren und der weißen Trauerkluft – für das Anzünden der Leiche zuständig ist.»Man macht es mit getrocknetem Gras, das an einem ewigen Feuer entfacht wird.« Frauen dürfen nicht zugegen sein, sie schauen von benachbarten Häusern aus zu, das Burning Ghat liegt praktischerweise mitten in der Stadt.

Wir erfuhren, dass ein erwachsener Körper in gut drei Stunden von den Flammen vernichtet ist, nach einer halben Stunde knackt es laut, das bedeutet, dass die Schädeldecke aufgeplatzt ist.»Nur weibliche Hüftknochen und männliche Brustkörbe sind am Ende im Ganzen vorhanden«, erklärte der Totengräber.»Wir werfen sie in den Fluss.« Dann zeigte er auf Arbeiter, die am Ganges-Ufer die Überreste der Toten durchsiebten.»Sie gehören der untersten Kaste an und suchen nach Goldzähnen oder Schmuck.«

»Und das ist legal?«, fragte ich.»Da regt sich keiner der Verwandten auf?«

»Nein, warum auch?« Irritiert sah mich der Totengräber an.»Ins Nirwana kann man nichts mitnehmen, sollen die Armen ruhig das Gold haben.«

»Warum riecht es hier eigentlich nicht nach verbranntem Fleisch?«, wollte ich weiter wissen.

Stolz flackerte in seinen Augen auf.»Weil wir die Leichen gut präparieren. Sie werden mit teuren Ölen, Kräutern, Sandelholz und ayurvedischer Ghee-Butter eingerieben. Jedes Öl hat einen Sinn, es soll die sieben Chakren, die Energiezentren, öffnen und den Übergang ins nächste Leben erleichtern. Außerdem sind die Leichen frisch, vom Totenbett bis zur Verbrennung vergeht im Schnitt kein halber Tag.«

Unser Guide grüßte einen Händler, der auf einer antik anmutenden Waage Baumstämme und Scheite abwog. 300 Kilo Holz braucht es, um einen Körper vollständig zu verbrennen,

Sandelholz ist den Reichen vorbehalten und brennt am besten, Mangoholz ist billiger und für das einfache Volk. Aber auch das muss man sich leisten können. In den Gassen bettelten zahllose alte Frauen um Geld für ihren Scheiterhaufen.

»Was passiert, wenn ich es nicht schaffe, in der heiligen Stadt zu sterben?«, fragte ich. »Habe ich dann meine Chance aufs Nirwana verspielt?«

»Nein«, erklärte der Totengräber. »Wir haben täglich Zeremonien hier, bei denen Leute aus aller Welt mitgebrachte Asche in den Ganges streuen. Du bist auch willkommen, wenn es so weit ist.«

Jetzt musste sogar Christiane lachen, die bislang kaum das Gesicht verzogen hatte. »Das schau ich mir an, ob du deine Überreste in den dreckigen Ganges werfen lässt«, raunte sie mir zu. »Endstation Kloake, so stellst du dir dein Begräbnis vor?« Mit jeder brennenden Leiche, die wir an diesem Tag gesehen hatten, war sie lockerer geworden. Die vielen Toten hatten sie nicht wie befürchtet traumatisiert, das Treiben im Ghat kam uns absurd normal vor. Ich selbst nahm die Asche in meinen Haaren und die Ziegen, die gemächlich die Trauerblumen fraßen, gar nicht mehr wahr.

»Ich mag Varanasi«, meinte ich nachdenklich. »Die gehen ehrlicher mit dem Tod um als wir, keiner scheint sich zu wichtig nehmen. Weil jeder weiß, der nächste Holzhaufen könnte für einen selbst sein. Vielleicht liege ich ja morgen auch schon dort.«

»Ich mag Varanasi ebenso. Aber am Ende geht es trotzdem nur ums Geld«, entgegnete Christiane nüchtern. »Wer nicht genug Kohle hat, kann nicht an den Ganges fahren und wird folglich nicht erlöst. Ich finde das scheinheilig.«

Ein paar Tage später reiste sie ab. Ich bereue ihren Besuch nicht, im Gegenteil, ohne Christiane hätte ich so vieles nicht erlebt. Aber ich war froh, dass ich nun wieder solo unterwegs war – um mich der letzten großen Aufgabe zu stellen: Waltraud allein im Land.

Um halbwegs auf der sicheren Seite zu sein, hatte ich mich im Süden Indiens, im palmengesäumten Bundesstaat Kerala, in ein Ayurveda-Center eingebucht. Es gab nicht viele Online-Bewertungen, aber die wenigen Kritiken lasen sich okay. Mittlerweile bin ich überzeugt, dass der Ayurveda Healing Ashram in Trivandrum keine Wellnessanlage war, sondern die Probebühne der lokalen Schauspielgruppe. Vor meiner Ankunft durfte sich offenbar jeder seine Lieblingsrolle aussuchen. Die junge Dorfschönheit spielte »Assistenzärztin«, ihr Lover machte auf »Manager«. Der Inder mit dem verschmitzten Lächeln und den vielen Zähnen im Mund versuchte sich als »Yogalehrer«, manchmal auch als »Rezeptionist«. Und der Taxifahrer mit dem Walross-Schnauzer und Wohlstandswampe brillierte in der Rolle des ärztlichen Leiters.

Dass es in diesem Ashram nicht mit rechten Dingen zuging, hätte mir schon beim Einchecken auffallen können, als der »Rezeptionist« geschlagene fünf Minuten in meinem Reisepass herumblätterte und schließlich die falsche Seite für seine Unterlagen kopierte.

»Wie lange arbeiten Sie schon hier?«, fragte ich leicht alarmiert.

»Very long«, kam es textsicher zurück.

Mehr konnte ich nicht in Erfahrung bringen, denn in diesem Moment führte mich der Manager in eine Rumpelkammer und an einen gedeckten Tisch. Er deutete mir an, mich zu setzen, und löffelte haufenweise Reis und Curry auf einen Teller.

»Danke«, sagte ich und begann zu essen.

»Gern geschehen«, entgegnete der Manager und blieb wie angewurzelt vor meinem Teller stehen.

»Sie müssen nicht warten, wirklich nicht«, meinte ich verunsichert. »Ich melde mich, wenn ich was brauche.«

»Es ist mein Job zu dienen«, gab der Manager zurück und hypnotisierte weiter meinen mahlenden Kiefer. Nach dem zehnten Bissen ließ ich ob der Dauerbeobachtung resigniert die Gabel fallen.

»Ich glaube, ich bin satt.«

»Dann rufe ich nun den Arzt, damit er die Behandlung mit Ihnen bespricht.«

»Wo finde ich den Behandlungsraum?«

»Warten Sie auf Ihrem Zimmer.«

Und wie in einer Komödie polterte es kurz danach vor meiner Tür – und der Walross-Schnauzer fiel in meiner kargen Bettstatt ein.

»Legen Sie sich hin«, wies er mich in holprigem Englisch an. Er hatte eine schlimme Erkältung. Die Nase tropfte in den Bart, der Ausdruck »Rotzbremse« erhielt eine neue Dimension.

»Und jetzt?«

Schweigend nahm er meinen Handrücken und gab vor, meinen Puls zu messen.

»Was führt Sie hierher? Irgendwelche Beschwerden?«

»Ich kriege immer wieder Lippenherpes. Das wäre ich ganz gerne los. Ayurveda soll ja vieles heilen.«

»Herpes also?«, wiederholte der Dickwanst. »Wo?«

»Ähm, *auf der Lippe.*«

»Ich sehe nichts.« Die Rotzbremse trat näher und tatschte mir mit schnupfenfeuchten Fingern im Gesicht herum.

»Im Moment habe ich es auch nicht. Aber ich bekomme es regelmäßig.«

»Wie äußert sich das?«

»Wie Herpes eben. Schmerzende Bläschen, die ewig nicht abheilen.«

Schweigen.

»Sie wissen aber schon, was Herpes ist, oder?«, fragte ich schließlich.

»Ja, natürlich«, antwortete die Rotzbremse ein wenig zu schnell.

Dann verkündete er meinen Behandlungsplan.

»Heute Massage und Stirnguss. Morgen Vasti. Da wird über den Anus Öl in den Darm gegossen.« Ein dreckiges Grinsen, vielleicht war es auch süffisant. Auf jeden Fall war es ein Grienen, das nicht zu einer Anamnese passt.

»Okay«, sagte ich kraftlos. »Massage. Stirnguss. Öl im Anus.«

Der Walross-Schnauzer trat ab.

Zwei Sekunden später raste ich zum Rezeptionisten/Yogalehrer, der mit offener Hose auf der Couch lag und ein Videospiel spielte.

»Ich checke aus«, sagte ich.

»Warum das?«, fragte er um Fassung ringend. Meine Planänderung stand nicht im Drehbuch.

»Mir ist das alles zu dubios hier. Die Handtücher sind dreckig. Der Bademantel riecht nach ranziger Ghee-Butter und hat riesige Löcher. Und der Arzt, sofern er überhaupt ein Arzt ist, sollte sich besser zu Hause auskurieren, anstatt mir mit seinen Rotzfingern ins Gesicht zu fassen.«

Es wurde lange diskutiert, bis ich den Ashram tatsächlich verlassen konnte, jeder der Truppe würzte das Stück mit mehr Drama. Man zwängte mir sogar noch eine Behandlung auf, bei der eine Mischung aus Schlamm, Erde und Beeren über meine Haare gekippt wurde.

»Was ist das?«, fragte ich.

»Medicine!«, antwortete die Dorfschönheit, die die »Assistenzärztin« mimte.

»Welche Art von Medizin?«, bohrte ich weiter nach.

»It's medicine! Good for you!«

Ich musste meine Haare eine halbe Stunde lang mit kaltem Wasser spülen, bis meine Kopfhaut wieder halbwegs sauber war.

Das Taxi habe ich mir übrigens selbst gerufen. Der Rezeptionist war nicht mehr auffindbar. Und der Manager wusste laut eigenem Bekunden keine lokale Taxinummer. Ich flüchtete in ein Hotel mit Pool, zwei Stunden entfernt. Da sitze ich nun, lese, langweile mich und versuche dem männlichen Personal, das mich für Freiwild hält, aus dem Weg zu gehen.

»Wie schlimm ist es?«, fragte Christiane per E-Mail.

»Ich werde es überleben«, schrieb ich zurück.

»Nie wieder Indien, oder?«

Ich antwortete nicht gleich. Ich dachte nach. »Nein, Indien war gut. Ich bin froh, dass ich es gesehen habe. Ich werde auch irgendwann noch mal zurückkommen. Aber jetzt brauche ich erst mal Abstand von dem Land.«

••

Hello again? **Pro und Kontra**

Stippvisiten von Freunden und Familie während der Weltreise? Schwieriges Thema. Vor allem, wenn man keine Gefühle verletzen will. Heute weiß ich: Vor der Abreise hätte ich die Klappe halten sollen. Aber nervös und unwissend, wie ich war, habe ich getönt: »Sicher freue ich mich, wenn ihr vorbeischaut« und das Ganze insgeheim unter »Anti-Einsamkeits-Versicherung« verbucht. Das Problem war nur: Streckenweise mag ich mich alleine gefühlt haben, aber einsam war ich nie. Schon nach den ersten drei Wochen war klar: So schnell will ich kein vertrautes Gesicht wiedersehen und über alte Kamellen reden. Ich fand es spannend, völlig auf mich gestellt zu sein, frei in allen Entscheidungen.

Rückblickend würde ich maximal einen Besuch erlauben – obwohl die Vorteile eines Gastes nicht von der Hand zu weisen sind. Der Freund/die Freundin kann als Packesel missbraucht werden, ich habe auf diese Weise kiloweise Souvenirs, mein iPad und überflüssige Kleidung nach Hause geschickt. Es ist angenehm, eine »Vergangenheit« zu haben und jemandem gegenüberzusitzen, dem man sich nicht erklären oder vorstellen muss. Und ja, mitunter ist es auch billiger. Wobei – das ist ein zweischneidiges Schwert. Zu zweit kann man sich Unterkünfte oder Mietautos leisten, die allein nicht drin gewesen wären. Allerdings erwarten Urlauber häufig auch mehr von ihrem Aufenthalt, etwa jeden Abend essen zu gehen, anstatt selbst zu kochen, und schon wird's teurer. Man will ja kein Spielverderber sein. Zu zweit lernt man auch weniger Leute kennen. Und dass man sich zwangsweise mit Dingen beschäftigt, die Tausende Kilometer weit weg sind, hatten wir ja schon. Ich kann nur sagen: Sich von zu Hause abzunabeln, vor allem geistig, ist nie verkehrt. Wann kann man das sonst?

· · · · · · · · · · · · · · · · ·

Kontakt halten mit zu Hause –
wie viel ist sinnvoll?

Ich habe meine Eltern alle zehn bis vierzehn Tage via Skype wissen lassen, dass ich noch lebe. Mit Freunden war ich über WhatsApp oder Facebook öfter in Kontakt. Das funktioniert gut, solange diese keine großen Job-, Liebes- oder Lebenskrisen haben. Mit einer Freundin, die wegen eines Mannes eine emotionale Achterbahnfahrt durchlebte, war's schwierig. Irgendwann blieb mir nichts anderes übrig, als zu sagen: »Tut mir leid, aber ich kann aus der Ferne nichts machen, und das tägliche Sezieren deiner Krise zieht mich runter. Ich möchte mich nicht mehr damit auseinandersetzen, mir geht's nämlich richtig gut.« Danach reduzierten wir die Updates drastisch. Und falls Ehrlichkeit nicht hilft, gibt's noch die bekannten Ausreden: »Blöde Zeitverschiebung«, »Mieses Internet« oder »Hallo?! Hallo?! Schlechter Empfang«. Oh Gott, ich bin ein schlechter Mensch.

· · · · · · · · · · · · · · · · ·

Wie erkenne ich, dass der angekündigte Besuch
kompatibel mit meinem Reisemodus ist?
Hundertprozentig wird's nie passen, zumal man, wenn man
ohne Begleitung reist, verschroben wird. Wichtig ist, mit dem
Besuch das Budget abzuklären – und zwar als konkrete Zahl,
nicht als schwammiges »Keine Sorge, ich brauche keinen
Luxus«-Versprechen. Und: Kommt die Begleitung allein zurecht, oder ist er/sie zu orientierungslos/schüchtern/verpeilt,
um unbekanntes Terrain zu erkunden? Es wird immer Momente geben, in denen man einen Blog-Eintrag fertig schreiben will
oder den nächsten Stopp planen muss. Dafür braucht man
Ruhe und keinen »Was machen wir jetzt? Draußen ist es so
schön!«-Klotz am Bein.

....

Wie sagt man Besuchsangebote so ab,
dass man am Ende noch Freunde hat
und die Familie einen nicht enterbt?
Am besten ehrlich. Und am besten so früh wie möglich, denn
sonst startet der Psychodruck: »Ich habe aber bereits meinen
Urlaub so eingereicht, dass ich zu dir fahren kann.« Man darf
seine Meinung ändern, eine solche Reise macht man wahrscheinlich nur einmal. Und gibt der andere gar keine Ruhe,
trifft man sich eine Woche und zieht danach wieder solo weiter.

....

Besucher aus der
HÖLLE

Diese drei Energievampire bringen den Alltag mit,
den man hinter sich lassen will – und mehr

DER WORKAHOLIC

Kündigt sich an mit: »Ich bin so was von urlaubsreif, mein Job ist die Hölle, ich stehe knapp davor, alles hinzuschmeißen.«
Hat: massiven Arbeitsfrust.
Wird: nie kündigen.
Will: nur darüber lamentieren, wie unfähig alle anderen sind.
Braucht: mindestens eine Woche, bis es andere Themen gibt.
Will: Infinity Pool, Rooftop-Drinks, Helikopterflüge, man gönnt sich ja sonst nichts.
Crash-Faktor: 🔥 🔥 🔥 🔥 🔥 (5/5)

DER/DIE LIEBESKRANKE

Kündigt sich an mit: »Hast du schon gehört? X und ich haben uns getrennt. Ich brauche Abstand. Wo bist du gerade?«
Braucht: sofort bei der Ankunft das WLAN-Passwort. (»Vielleicht hat er/sie ja schon geschrieben?«)
Und: eine Bar für Drinks und Rache-Flirts.
Sucht: einen Beziehungscoach, Seelenklempner, Tränentrockner.
Will: Reden. Reden. Reden.
Promille-Faktor: 🍸🍸🍸 (3/5)

DER/DIE PLANLOSE

Kündigt sich an mit: »Ich habe bald Urlaub und komme dich besuchen, okay? Mir egal, wohin es geht. Hauptsache weg.«
Wünscht sich: Abenteuer per Fingerschnipp oder eine Mini-Weltreise in drei Wochen.
Will: aber nichts dafür tun müssen.
Sucht: eigentlich einen Gratis-Reiseführer und jemanden, der zeigt, wo es langgeht.
Liebster Satz: »Was willst du machen? Entscheide du! Mir ist alles recht. Ich bin easy.«
Energievampir-Faktor: 🦇 🦇 🦇 (3/5)

14

REISEMÜDIGKEIT
UND DIE ENTDECKUNG
DES SCHUHHIMMELS

Helsinki und Marrakesch, Finnland und Marokko
Juli
Zurückgelegte Distanz
102 852 KILOMETER

Helsinki. Marrakesch. Und danach, als letzter Weltreise-Stopp, Lissabon. Zugegeben, das klingt routentechnisch ein bisschen irre. Vom Norden in den Süden und dann von Afrika wieder rauf nach Europa. Aber zu meiner Verteidigung: Ich hatte meine Gründe. Helsinki war nur eine Zwischenlandung, die ich zu einem Fünf-Tage-Aufenthalt ausgedehnt habe. Ich war noch nie bei den Finnen gewesen, also, warum nicht? Und Paris, das eigentliche Ziel meines Finnair-Flugs von Delhi, lag per Billigflieger verführerisch nahe an Marokko und seinen herrlichen Souks. Ich redete mir ein: Auch da muss ich noch hin. Geht eine Weltreise langsam zu Ende, wird man gierig, man beginnt Wehmut und Panik zu fühlen und nimmt alles mit, was noch geht.

Gier war auch die treibende Kraft in Finnland. Als ich von Delhi kommend in Helsinki aufschlug, ignorierte ich meine müffelnden Reiseklamotten und den Drang nach einer Dusche. Ich wollte vor allem erst einmal eines: ein fett belegtes Wurstbrot. Okay, genau genommen wollte ich zehn fett belegte Wurstbrote. Plus frische Früchte! Und eine Wagenladung Gummibärchen! Geifernd fiel ich im nächstbesten Supermarkt ein. Indien hatte mich ausgehungert, ich hatte dort binnen drei Wochen fünf Kilo Gewicht verloren. Nicht etwa wegen eines fiesen Magen-Darm-Keims. Ich fand dort nur nichts, das mir wirklich schmeckte, dabei bin ich nun wirklich kein pingeliger Esser. Ich habe sogar Street Food beherzt probiert, aber am Ende war es egal, ob Dosa, Dal Kachori, Curry oder Biryani auf dem Tisch stand, meine Geschmacksknospen konnten kaum Unterschiede feststellen. Es schmeckte nicht schlecht, indisches Essen hat zu Recht viele Fans, aber für mich war es keine Offenbarung. Nahrungsmittel, die nicht zu Tode gekocht waren, suchte ich vergeblich, sogar frische Mangos wurden unter meinen entsetzten »No, no, no!«-Rufen großzügig in Chili-Zucker getaucht. Irgendwann hatte ich nur noch gefrühstückt, Joghurt und Eier. Durch die unfreiwillige Crashdiät quoll zumindest das Hüftgold nicht mehr aus dem Hosenbund heraus.

Als ich mir in Helsinki nun in meiner angemieteten Airbnb-Wohnung zufrieden ein belegtes Brot nach dem anderen reinschob – Salami, Beinschinken, roher Schinken, Räucherlachs – und an meinem Laptop durch Finnland-Reiseseiten scrollte, wurde ich plötzlich müde. Nicht bettmüde, ich fühlte mich zum ersten Mal reisemüde. Man sollte sich unbedingt die Uspenski-Kathedrale ansehen, das größte orthodoxe

Sakralgebäude in der westlichen Welt, las ich im Netz. Und dann sei da natürlich der Dom, der Esplanadi-Park, die Festungsinsel Suomenlinna – ein Unesco-Weltkulturerbe! Und wer nicht bei Design-Pionieren wie Marimekko, Iittala oder Artek stöberte, dem sei ohnehin nicht zu helfen.

Ich stöhnte, warf mich auf die Couch und machte kraftlos die Gummibärchen-Großpackung auf. Helsinki wirkte cool. Und mit blonden Hipster-Holzfällern auf Rentierfellen Eistee trinken, das hatte sicher auch was. (Richard, der tolle Kanadier, hatte inzwischen aufgehört, sich jeden Tag zu melden: Ich litt schmollend vor mich hin und schaute viel zu oft auf mein Handy.) Aber trotz der vielen Verlockungen fühlte ich mich wie gelähmt – und das lag nicht nur an der Wurstbrot-Völlerei. Meine Motivation, die Stadt zu erkunden, war gleich null. Jeder Stopp bedeutete, sich neu orientieren zu müssen. Kaum war man am Ziel angekommen, ging das anstrengende »Wo, was, wohin, womit?«-Spiel von vorne los. Wie funktionierte das U-Bahn-System? Oder fuhr man hier eher mit dem Bus? Wie weit war es von meiner Unterkunft zu den wichtigsten Sehenswürdigkeiten? Wo konnte ich eine Handy-SIM-Karte erstehen? Wie sagte man »Hallo«, »Auf Wiedersehen« und »Danke« in der jeweiligen Landessprache? Wie bekam ich schnell ein Gefühl für die Lebenskosten und das Geld?

In Helsinki wollte mein Hirn plötzlich nicht mehr. Es streikte, es konnte keine weitere Kirche mehr aufnehmen, es war noch heillos überladen von den vielen anderen Gotteshäusern, die ich auf der Welt gesehen hatte. Dass *Hyvää päivää* in Finnland »Guten Tag« heißt, das schien jetzt nicht so schwer, das hätte man sich merken können. Ich aber hatte es nach drei Sekunden bereits erfolgreich verdrängt. Ich musste mit jemandem reden. Ein perfekter Vorwand, um mit Richard wieder in Kontakt zu treten. Ha!

»Bist du da?«, tippte ich in mein Handy, und ohne eine Antwort abzuwarten: »Ich fürchte, ich bin fertig mit der Welt. Ich kann ihre Wunder nicht mehr richtig schätzen. Mich ödet es an, immer wieder dasselbe Programm in einer Stadt durchzuziehen. Orientierung, Sightseeing-Tour, Kühlschrank auffüllen, noch mehr Sightseeing. Wofür?«

»Du bist inzwischen abgeklärt, das geht jedem Weltreisenden so«, kam es umgehend zurück. (Na bitte, der Kerl lebte!) »Routine bringt die Neugier um. Da hilft nur: Ändere deine Gewohnheiten. Wer sagt denn, dass es Sightseeing braucht?«

»Mein Kopf. Der Hausverstand. Die Tour-Guiding-Bücher. Alle sagen das!«

»Bullshit. Du musst erst mal gar nichts.«

Hmmm. Insgeheim hatte ich mir vorgestellt, mein Hilferuf würde den Kanadier dazu animieren, wie ein Ritter zu meiner Rettung angaloppiert zu kommen. Auch ein mitfühlendes Trost-Smiley hätte mir schon gereicht. Der Liebestrottel in mir hoffte auf solche blöden Gesten. Aber auch wenn Richard nichts dergleichen von sich gab, er hatte schon recht. Ich musste gar nichts. Kein Dom, kein Park, keine Design-Möbel. Gummibärchen mampfend starrte ich in den Hinterhof meiner Wohnung. Draußen war es taghell, obwohl es mittlerweile 22 Uhr war. Im Juni und Juli geht in Helsinki die Sonne so gut wie nie unter. Mitternachtssonne nennt man das Phänomen, das entsteht, weil die Stadt genau auf dem 60. Breitengrad liegt, sprich: auf dem Polarkreis. Ich hatte, ohne es zu wissen, die beste Reisezeit für dieses Naturspektakel erwischt, und dieser Umstand freute mich.

»Ich muss gar nichts«, murmelte ich wie ein Mantra. Dann schwang ich mich aufs Fahrrad, das meine Vermieter für mich bereitgestellt hatten, und fuhr durch die Nacht, die keine war. An der Kathedrale, die mir Sightseeing-technisch vor Kurzem noch Druck gemacht hatte, radelte ich eher per Zufall vorbei. Sah gut aus, russisch halt. Nett war auch der Esplanadi-Park, die Bäume dort waren für eine Kunstaktion mit bunter Wolle umhäkelt worden. Ich machte ein Foto (hell genug war es ja), besorgte mir im Vierundzwanzig-Stunden-Kiosk noch mehr Wurst und fiel schließlich todmüde ins Bett.

Am nächsten Morgen fühlte ich mich wie ein neuer Mensch. Kaum hatte ich verinnerlicht, dass es keine finnische Sauna brauchte, um Finnland »richtig erlebt« zu haben (wer will schon bei 25 Grad Sonnenschein in einer fensterlosen Schwitzkammer auf Holz hocken?), war ich wieder hochmotiviert. Mein einziger Auftrag lautete, nett zu mir zu sein und vielleicht eine Zimtschnecke im legendären Café Regatta zu kosten.

Was ich eigentlich sagen will: Manchmal ist Nichtstun die beste Idee, um ein Land kennenzulernen. Für Helsinki hat das zumindest zu tausend Prozent gestimmt. Auf der Festungsinsel Suomenlinna habe ich die geschichtsträchtigen Gemäuer ignoriert und mich – wie alle hier – auf den großen Felsen gesonnt, während das Baltische Meer an meine Füße klatschte. Beim Streunen durch die sommerliche Stadt entdeckte ich jede Menge Pappmaché-Weihnachtsmänner und wurde daran erinnert, dass der Kerl aus Lappland stammt und sogar eine offizielle finnische Postadresse hat (Santa Claus Main Post Office, FI-96930 Arctic Circle, falls jemand seine Wunschliste bestmöglich deponiert wissen will). Und am letzten Tag stolperte ich eher zufällig in eine Walking Tour.

Ich hatte mich auf die Stufen vor dem Dom gesetzt, um Leute zu beobachten, da kam Matti, ein junger Tour-Guide mit Rentiermütze, auf mich zu und fragte: »Bist du Lisa? Hast du unseren Stadtspaziergang gebucht?«

»Nein, ich bin nicht Lisa.«

»Willst du trotzdem mitkommen? Ich kann noch Leute brauchen.«

Ja, warum eigentlich nicht? Es war eine gute Entscheidung. Matti, der schon mit Mitte zwanzig eine kreisrunde Glatze trug und volltätowierte Arme hatte, zeigte mir nicht nur die Rock Church, eine Felsenkirche, in der wegen der Wahnsinnsakustik mehr Musikkonzerte als Gottesdienste stattfinden. Er erklärte auch die Hintergründe zum lokalen Sauna-Fetisch.

»Du musst dir das so vorstellen: Bei fünf Millionen Finnen gibt es drei Millionen Saunen. *Jeder* hat eine Sauna daheim, in unseren kalten Wintern ist man froh darum.«

»In meinem Apartment, das ich gemietet habe, gibt es keine«, wagte ich zu widersprechen.

»Ist es ein Wohnhaus mit mehreren Parteien?«

»Ja.«

»Dann check den Keller. Ich wette, da befindet sich eine.« (Er sollte recht behalten. *Damn!*)

»Aber die Sauna ist noch aus einem anderen Grund für uns wichtig«, führte Matti weiter aus. »Wir Finnen sind ein Bauernvolk. In der Provinz diente sie lange als Gebärzimmer. Sie war oft der einzige Raum, den man durch die Hitze halbwegs steril halten konnte. Sogar mein Vater, Jahrgang 1959, kam in einer Sauna zur Welt.«

»Ihr stammt also sprichwörtlich von der Sauna ab«, sagte ich lachend. »Im Deutschen gibt es ein Sprichwort. Es heißt: *Die spinnen, die Finnen.*«

Matti nahm das als Kompliment, und ich verabschiedete mich noch vor Ende der Tour von ihm und dieser wundervollen Stadt, um meinen Flieger nach Paris und den Weiterflug nach Marokko zu erwischen.

Sechs Stunden und 4000 Kilometer Luftlinie später ein völlig neuer Kosmos. Als ich in der nächtlich beleuchteten Medina von Marrakesch stand, links von mir die Schlangenbeschwörer, rechts von mir Fruchtsaftverkäufer und feuerspeiende Garküchen, drückte mir Cécile, die Betreiberin eines schnuckeligen Sechs-Zimmer-Hotels namens Riad Miski, einen Stadtplan mit persönlichen Notizen in die Hand.

»Was willst du in Marrakesch sehen?«, fragte sie mich. Cécile, eine groß gewachsene Französin mit halblangen braunen Haaren und Schlabberhose, war mit ihrem Mann Emmanuel erst vor Kurzem ins Herbergsgeschäft eingestiegen, sie freuten sich noch auf jeden Gast. »Wir haben die schönsten Sehenswürdigkeiten bereits für dich markiert – den Bahia-Palast und den Jardin Majorelle, den Garten von Modedesigner Yves Saint Laurent. Wir können dich auch gerne hinführen, damit du dich im Gassengewirr des Souks nicht verirrst.«

»Ähm, ich glaube, ich will erst mal nichts Bestimmtes sehen, das ist mein neues Reisemotto. Aber ich brauche neue Sandalen.«

Dazu muss man wissen: Langsam schien bei mir alles kaputt zu gehen. In Helsinki hatte der Spuk angefangen. Mein Lieblings-T-Shirt wies plötzlich unerklärliche Löcher auf. Eine Schraube am Bügel meiner Sonnenbrille brach. Ich musste mich sogar wegen eines defekten Reißverschlusses von meinem Koffer trennen. Als die freundliche Dame bei Samsonite ein funkelnagelneues Gepäckstück aus dem Lager rollte, seufzte ich.

»Alles okay?«, fragte sie ob meiner fehlenden Begeisterung. »Es ist das gleiche Modell, die gleiche Farbe. Und das Beste: Der Austausch ist kostenlos, die Sache fällt unter Garantieleistung!«

»Der Koffer ist wunderbar, danke«, grummelte ich. »Aber da ist kein Kratzer, nichts! Mein alter Koffer und ich, wir haben auf dieser Reise so viel zusammen erlebt. Ihn jetzt zurückzulassen, damit er verschrottet wird, fühlt sich an wie Verrat.« Ich konnte an ihrem Blick sehen, dass sie mich für verrückt hielt.

Und nun die Sandalen, die mich so viele Kilometer durch die Welt getragen hatten. Gleich bei der Ankunft in Marrakesch war ein Fesselriemen gerissen. Es schien fast, als würde das Universum sagen wollen: »Dein Trip geht zu Ende. Zeit, dich von Ballast zu trennen.« ICH WOLLTE MICH ABER NICHT TRENNEN. Verdammt noch mal! Wieso konnte ich liebgewonnene Begleiter nicht einfach in den nächsten Lebensabschnitt mitnehmen? Mein Unterbewusstsein kannte die Antwort: Weil man nichts im Leben festhalten kann. Alles ist vergänglich. Erst wer lernt loszulassen, ist wirklich frei. Sagen auch die Buddhisten. Und die haben bekanntlich in Sachen Seelenheil die Nase vorn. In diesem Moment war mir das mit der Erleuchtung aber scheißegal.

Trotzdem wurden die alten Sandalen in die Tonne geworfen. Cécile sah meine Wehmut und lotste mich bei nächster Gelegenheit eigenhändig durch den Souk, wo ich schon beim ersten Verkaufsstand ein Paar passabel aussehende Schuhe erspähte. Echtes Leder, bequem obendrein. Doch Cécile schüttelte nur den Kopf und zog mich resolut weiter.

»Cécile, die Händler haben doch alle dasselbe Angebot, mehr als fünf Designs gibt es nicht«, maulte ich, nachdem wir uns durch zwanzig enge Gassen gekämpft hatten. »Was ist dein Problem?«

»Die Qualität«, meinte sie. »Es gibt massive Unterschiede, du wirst mir noch zustimmen.«

Schließlich führte sie mich zu einem winzigen Verkaufsstand, der wie jeder andere Ramschladen ausschaute. Sie schüttelte dem Händler freundschaftlich die Hand und sagte zu mir gewandt: »Hier kannst du kaufen.«

»Kriegst du Provision?«, argwöhnte ich.

»Nein, Blödsinn. Schau dir die Ware an.«

Auf den ersten Blick wirkten die Schuhe wie jene, die ich bereits inspiziert hatte. Aber bei näherer Betrachtung ... hmmm. Das Leder war akkurater zugeschnitten und butterweich. Und die Sohlen wurden nicht geklebt, sondern waren 1A vernäht.

Ich befand mich im Schuhhimmel. Und das Beste: Ich musste nicht erst mühsam feilschen. Der Verkäufer schien durch seine Bekanntschaft mit Cécile gehemmt, mich übers Ohr zu hauen. Er nannte einen überaus fairen Preis, und als ich ihm die Dirham überreichte, zeigte er auf meine aktuellen Treter, geflochtene Stoffsandalen aus Südostasien, und meinte: »Très jolie, Madame. Le design, c'est magnifique.«

Cécile pflichtete ihm bei: »Ja, dieser Look könnte sich tatsächlich verkaufen. Wenn wir diese Schuhe aus Leder nachmachen, wären sie top, und Omar hätte was Neues im Sortiment.« Mein Gott, ich war nicht nur im Schuhhimmel, ich war auch im modischen Design-it-yourself-Wunderland. Am Ende schenkte ich Ahmed meine ausgelatschten Schuhe und wünschte ihm viel Glück beim Kopieren.

Ich wollte mehr. Mehr kaufen. Mehr sehen. Also bat ich Cécile, mir weitere Souk-Geheimtipps zu verraten. Und was soll ich sagen? Die Frau landete bei jedem Stopp einen Volltreffer. Sie führte mich in ein versteckt liegendes Geschäft mit mundgeblasenen Gläsern und zeigte mir, wie ich Industrieware von Handarbeit unterscheiden konnte. Wir schauten bei einem großartigen Teppichhändler vorbei, kämpften uns durch Henna-Shops und Regale von Strohtaschen, schließlich wurde noch eine Gewürz-Tajine, ein Aufbewahrungsgefäß mit spitzem Deckel, meins.

»Ich muss aufhören«, klagte ich am Ende des Tages. »Ich fürchte, ich habe massives Übergepäck.«

»Aber du wirst viel Freude mit den Sachen haben. Alles hat eine Top-Qualität, die Ramschhändler befinden sich am Anfang des Souks, je tiefer es in den Bazar hineingeht, desto besser die Ware.«

Ich grinste selig. »Ich mag dieses Kein-Sightseeing-Programm.«

»Weißt du schon, was du in Lissabon machen willst?«, fragte Cécile.

»Keine Ahnung, aber ich vermute, ich bleibe weiter auf diesem Kurs.«

Die Vergleichs-Falle

Je mehr Ziele man abgeklappert hat, desto arroganter wird man. *Been there, done that.* Aus! Stopp! Halt!

Neugier ist die treibende Kraft beim Reisen, und der Vergleich tötet sie. Man muss sich die Fehlschaltung im Gehirn regelmäßig bewusst machen, dann kann eigentlich nichts schiefgehen.

Die Planungs-Falle

Sich am Strand von Hawaii damit herumschlagen, was die beste Nachbarschaft in Buenos Aires ist? Ich hab's gehasst. Da ist man noch in Land A und muss wertvolle Zeit mit Wechselkursen, Öffi-Apps und dem Wohnungsangebot von Destination B vergeuden. Aber ein bisschen Mühe in diese Punkte zu investieren macht leider Sinn. Denn erwischt man etwa eine Bleibe, die fern von den wichtigsten Sehenswürdigkeiten liegt, ist man ständig fußmüde, schleppt sich abends nicht mehr raus und unternimmt überhaupt weniger. Vorweg: Es wird sich natürlich immer etwas finden, das besser, schöner, günstiger ist. Aber man muss auch mal alle Fünfe gerade sein lassen können, sonst versäumt man am aktuellen Stopp zu viel. Also: zwei Tage Recherche, mehr nicht.

Beantwortete ein potenzieller Vermieter in dieser Zeit meine E-Mail-Anfrage nicht, buchte ich kurzerhand die nächstbeste Option und zwang mich, nicht weiter darüber nachzudenken.

Am Ende der Achtundvierzig-Stunden-Planung schrieb ich jeweils einen Spickzettel für die neue Destination. Weil es auf Flughäfen selten vernünftige SIM- oder Datenkarten zu kaufen gibt (sie sind alle überteuert), steht man bei der Ankunft erst einmal ohne Internet da. Entsprechend hilft es, den Umrechnungskurs der neuen Währung notiert zu haben, damit man weiß, wie viel die bunten Scheine aus dem Geldautomaten überhaupt wert sind. Ebenfalls hatte ich mir die Preise für eine Bus- und Taxifahrt sowie die Adresse der Unterkunft plus die zwei wichtigsten Querstraßen notiert (suggeriert den Taxifahrern, dass man schon mal da war, und schützt vor Nepp). Und: Ich machte Screenshots von Buchungsbestätigungen, auf die man auch ohne Internet zugreifen kann.

....

Die »Ich-bin-genervt« und »Lasst-mich-in-Ruhe-ich-will-nichts-kaufen«-Falle

Ich hatte mir vorgenommen, ausnahmslos jedem Menschen freundlich, offen und vorurteilsfrei zu begegnen. Zum einen, weil ich genauso behandelt werden möchte, und zum anderen glaube ich fest daran: Wie man in die Welt hineinruft, so schallt es zurück. Außerdem ist – rein statistisch gesehen – die Zahl der guten Menschen größer als die der fiesen. Also lautete mein

Motto: »Mundwinkel nach oben ziehen und schauen, was passiert.« Der kürzeste Weg zwischen zwei Menschen ist immer noch ein Lächeln.

Tja, an einigen Stopps scheiterte ich kläglich mit dem Weltumarmen. In Tansania waren es die ständigen *Give me money!*-Forderungen von Kindern und Marktschreiern, die mich in eine böse Hexe mit Pistolenblick verwandelten. »Wenn dich das nächste Mal jemand anschnorrt, stell einfach eine Gegenfrage«, riet man mir. »Frag: ›Warum soll ich dir Geld geben?‹ Danach hört die Sache auf, wetten?« Und tatsächlich: Niemand wusste eine zufriedenstellende Antwort auf meine Warum-Frage, oft reichten die Englischkenntnisse dafür aber auch nicht aus. Dennoch begann ich dadurch frischen Mutes, erneut Fremde anzulächeln. Sie lächelten zurück. Hurra!

In Indien war die Sache nicht so schnell vom Tisch. Kein Wunder, es gibt 1,3 Milliarden Inder, und geschätzte hundert Millionen wollen etwas von dir. »Nein, danke, ich brauche nichts«, krähte ich auf jedem Basar und bei jedem Menschen, der sich mir mit »Hello, Miss!« näherte, wie eine beschwörende Schutzformel.

»Kennst du mich nicht mehr?«, fragte dabei einmal ein schmaler, schnauzbärtiger Rikschafahrer. Ich musterte ihn. In Indien tragen 80 Prozent der Männer Schnauzbart und eine fast identische Frisur, außerdem fällt es mir schwer, Gesichter zu erkennen. »Ich habe dich gestern zur Wäscherei gefahren.« Ah ja. Jetzt klingelte es. »Eine der Waschfrauen hat diese Karte gefunden. Die gehört doch dir, oder?« Er überreichte mir die Kundenkarte eines thailändischen Restaurants. Ein wertloses Teil, ich hatte es wohl versehentlich in meiner Kleidung vergessen.

»Ähm, danke«, stammelte ich. »Du bist extra herumgefahren, um mich zu suchen und mir das zurückzugeben?«

»Ja.« Er lächelte, und mir schwante Böses. »Kannst du etwas für mich tun?«, sagte er schließlich und zeigte auf seine Rikscha.

»Ich brauche keinen Fahrer, tut mir leid«, wehrte ich ab.

»Es kostet dich nichts, nur fünf Minuten deiner Zeit«, kam es leise zurück. »Weißt du, das Souvenirgeschäft da hinten zahlt mir Provision, wenn ich Touristen vorbeibringe. Ich kriege einen Liter Benzin geschenkt, auch wenn der Kunde nichts kauft.«

»Ich soll nur so tun, als würde ich mich für geschnitzte Elefanten interessieren, und das wär's dann?«

»Genau.« Er strahlte mich an, und gemeinsam tuckerten wir los.

Als ich wieder aus dem Ramschladen trat, füllte er seinen Tank auf und zwinkerte mir verschwörerisch zu. Ich zwinkerte zurück und hatte plötzlich das Gefühl, ein bisschen mehr von den ungeschriebenen zwischenmenschlichen Gesetzen dieser Welt zu verstehen. Niemand will als gesichtsloses Nichts in der Masse untergehen, das gilt für den Rikschafahrer genauso wie für mich. Und wenn beide Seiten das beherzigen, entstehen großartige Geschichten.

....

Die Handy- und Social-Media-Falle

Keine Ahnung, wie Abenteurerinnen das früher gemacht haben. Weltreise ohne Handy und Internet – ich könnte es nicht. Ich wäre schlicht zu dämlich dafür. Hat man null Orientierungssinn, ist man über jede Navigations-App froh. (Ich kann nicht mal Karten lesen, ich bin abhängig von den digitalen Pfeilen, die automatisch in die richtige Himmelsrichtung zeigen.) Und dass man mit ein paar Klicks Flugzeuge, Busse und Unterkünfte buchen kann, beruhigt den inneren Kontrollfreak enorm. Aber wie bei allem gilt ebenso hier: Die Dosis macht das Gift. Einsam im Straßencafé aufs Handy zu starren, anstatt mit den Leuten am Nebentisch oder zumindest mit der Bedienung zu plaudern, ist irgendwie auch nicht das Wahre.

Vor allem musste ich lernen, in Sachen Social Media Grenzen zu ziehen: Kaum hatte ich einen Facebook-Post online gestellt, ging die innere Unruhe schon los. Alle zehn Minuten zückte ich das Handy, um zu checken, ob es Reaktionen oder neue Kommentare gab. Ich tat es mitunter sogar dann, wenn meine Freunde durch die Zeitverschiebung bereits schliefen und ein neuer Like unmöglich war. *Fuck*. Nicht gut. Ich war losgezogen, um mir die Welt anzusehen – und hatte mich in der digitalen Nabelschnur verheddert. Dabei passierte es nicht einmal aus Einsamkeit. Es war mehr eine süchtig machende Gewohnheit.

Also verordnete ich mir Digital Detox. Facebook war ab sofort nur noch zweimal am Tag gestattet, Posts stellte ich am Abend online, so konnte ich morgens beim Aufwachen die Reaktionen gesammelt ansehen, anstatt abgelenkt vom Handy-Bildschirm in einen Bus zu laufen. Es hat nicht immer funktioniert, aber die Entscheidung war goldrichtig. Ich bin mittlerweile so weit, dass ich sage: Sollte ich nochmals eine Weltreise machen, dann vielleicht sogar ganz ohne Handy. Ich würde zwar lernen müssen, Karten zu lesen, und die innere Rampensau würde durch die Social-Media-Abstinenz ihre Ego-Bühne verlieren, aber genau das wäre womöglich ein echtes Abenteuer.

· · · · · · · · · · · · · · · · · ·

15

PANISCHE VERLÄNGERUNG.
ICH KANN NOCH NICHT
NACH HAUSE!

Lissabon und Wien, Portugal und Österreich
August, September
Zurückgelegte Distanz:
106 543 KILOMETER

Heimkommen ist eine schwierige Sache. Vor allem, wenn man sich in der Welt zu Hause fühlt. Ich war nicht halb so cool, wie ich hätte sein wollen. Ich war überhaupt nicht cool. So, jetzt ist es raus.

Schon in Portugal, meinem letzten Weltreise-Stopp, hatte ich ein ungutes Gefühl. Der Gedanke an die baldige Jobsuche und ein geregeltes Leben überforderten mich, schlaflos tigerte ich auf der Terrasse meines Lissabonner Apartments umher. Zur Beruhigung hatte ich versucht, die Sterne am Firmament zu zählen. Ich kam bis zur Nummer 138, die Nacht war schwül und still. 139 ... 140 ... Nein! Halt! Das war ein flackerndes Flugzeuglicht. 140 ... 141... Ich brauchte noch Zeit. Ein bisschen nur. Also fasste ich mir ein Herz, klappte meinen Laptop auf und buchte um vier Uhr morgens in bester Vogel-Strauß-Manier online meinen Rückflug um.

Ich hatte nicht um viel verlängert, um eine Woche nur, aber die schien wichtig für mein Seelenheil. Denn Lissabon und ich, das war Liebe auf den ersten Blick. Die gefliesten Hausfassaden. Die süßen kleinen Balkone und engen Gassen. Die Sonnenuntergänge am Tejo-Fluss und die Ponte 25 de Abril, die Zwillingsschwester der Golden Gate Bridge. Sogar von den Dosen eingelegter Sardinen im Retrodesign war ich hingerissen. Dass die abgetretenen Pflastersteine, die sich durch die steilen Straßen ziehen, teilweise spiegelglatt waren und mich gefährlich ins Schlittern brachten – Schwamm drüber. Die Stadt machte die ständige Beinbruchgefahr mit jeder Menge Charme wieder gut. Weiteres Plus: Lissabon schien selbst in der Hochsaison noch eine der günstigeren Städte Europas zu sein, gegrillter Fisch wurde einem spottbillig nachgeschmissen, und er war nicht einmal schlecht. Außerdem hatte ich das zauberhafteste Geschirr der Welt gekauft. Ich taumelte durch einen Wachtraum aus Seafood, Keramik und superlustigen Tinder-Dates. Ich konnte nicht gehen. Noch nicht.

Die Dating-App hatte ich ja seit Rio, also seit dem Kennenlernen von Richard, ignoriert. In Lissabon kam sie mir jedoch wieder gelegen, zumal eben genannter Herr in frustrierendem Maße kommunikationsfaul geworden war. Dass man in Lissabon außerdem nur im Rudel essen ging, trieb mich obendrein in die Arme der digitalen Kennenlern-Arena zurück.

»Para uma pessoa?«, fragte ein Wirt dreimal nach, als ich versuchte, abends für mich alleine einen Tisch zu bekommen.

»Yes, table for one«, bestätigte ich.

Der Wirt sah nach links, dann nach rechts, die Sache behagte ihm nicht. Sollte er wirklich einen Tisch für eine Person hergeben, wenn er locker das Doppelte an Umsatz machen könnte? Am Ende landete ich auf einem engen Plätzchen neben der Toilette. In diesem Moment war klar: Tinder und ich feiern ein Comeback.

Filipe, sechsundvierzig, dunkle Locken und fast zwei Meter groß, machte schließlich das Foto-Rennen. Er betrieb im Altstadtviertel Chiado ein Café, sagte kluge Sätze und schlug einen Drink auf einer Dachterrassenbar im Bezirk Bairro Alto vor.

»Heute kann ich nicht«, schrieb ich.

»Aha. Bist du so sehr im Dating-Stress?«, kam es halb-beleidigt zurück.

»Unsinn. Ich habe bloß ab Mitternacht Geburtstag und fände es komisch, mit einem völlig Fremden zu feiern.«

Ich, meine Terrasse, der Sternenhimmel und ein hochkalorischer Kuchen – so hatte ich mir das mit meinem achtunddreißigsten Geburtstag vorgestellt. Ich wollte entspannt Bilanz ziehen. Über die Zukunft. Die Vergangenheit. Meinen Status quo. Dass es Anfang August massenweise Sternschnuppen regnet, war mir nur recht. Ich hatte eine verdammt lange Wunschliste fürs Universum. Doch Felipe ließ nicht locker und offerierte einen Gegenvorschlag: Wir könnten uns am frühen Abend treffen, und vor Mitternacht sollte ich einfach abrauschen, um an meinem Ehrentag wie geplant allein zu sein. Es war ein Deal, der irgendwie Sinn machte. Was ich jedoch nicht bedacht hatte, war der portugiesische Vinho. Der kommt nie glasweise, sondern immer gleich als Flasche daher – und das zu einem sagenhaft günstigen Preis. Außerdem war ich trinktechnisch ein wenig aus der Übung. In Asien und Indien hat man's nicht so mit Wein.

Während Filipe mein drittes Glas einschenkte, fühlte ich mich, als wäre es mein zehntes. Ich dachte, ich sähe Jesus am anderen Ufer des Tejo. Mit ausgebreiteten Armen stand er da und starrte mich an.

»Der sieht exakt wie Cristo Redentor aus, die Jesusstatue in Rio de Janeiro.« Ich kniff die Augen zusammen, um den Heiland besser ins Visier nehmen zu können.

»Das da drüben ist Cristo Rei«, klärte mich mein unfreiwilliger Reiseführer auf. »Du hast allerdings recht, es gibt Ähnlichkeiten. Man sagt, Lissabons Cristo ist von Rios Cristo inspiriert.«

»Also bin ich nicht betrunken? Da steht wirklich eine Jesusstatue?«, fragte ich.

Filipe nickte und erklärte mir geduldig das Panorama der Stadt. Pflichtbewusst erinnerte er mich dann eine halbe Stunde vor Mitternacht an mein Vorhaben: »Zeit, nach Hause zu gehen, Cinderella. Dein Geburtstag, der Kuchen und der Sternenhimmel warten.«

Ich nippte gerade an Glas Nummer Ich-weiß-nicht-mehr und war überzeugt, dass die Geschichte von Cinderella erstunken und erlogen war.

»Wetten, die Gute hat bis fünf Uhr früh durchgetanzt. Aber das hat niemand ins Märchen geschrieben, das lesen ja Kinder! Die Geschichte von Aschenbrödel wurde zensiert, so schaut's aus. Ha!«

»Und was heißt das?«, fragte Filipe.

»Du zeigst mir jetzt noch ein paar andere Bars. Also, was muss ich sehen?«

Kürzen wir die Sache ab: Aufgewacht bin ich mit zerknautschtem hundertjährigem Gesicht und einem brummenden Schädel, der sich nichts sehnlicher wünschte, als mit Chloroform zurück ins Koma versetzt zu werden. »Ich trinke nie wieder Alkohol«, schwor ich mir leidend. Schnell änderte ich das Bekenntnis in: »Ich trinke nie wieder *so viel* Alkohol.« In Portugal ist man mit Abstinenzbekundungen auf verlorenem Posten, vor allem, wenn man sich in einer emotionalen Ausnahmesituation befindet (»Ich will nicht wahrhaben, dass meine Weltreise endet«) und in einem letzten Aufbäumen jede Minute auskosten will.

João war der zweite Portugiese, den ich auf Tinder rekrutierte. Ein dreiundvierzigjähriger Produzent von Dokumentarfilmen, der perfekt Englisch und sogar ein bisschen Deutsch sprach. Wir aßen Bacalhau, den traditionellen Trockenfisch, tranken Wein wie Wasser und kletterten dann im Príncipe-Real-Park beschwingt auf einen Baum. Nicht auf irgendeinen Baum, sondern auf eine große Zeder, die über hundert Jahre alt ist und deren Krone sich wie ein gigantischer Regenschirm über den Park erstreckt. Der Baum ist in Lissabon berühmt und kniehoch umzäunt. Wir ignorierten die Absperrung und diskutierten auf einem Ast sitzend über Gott, die Welt und die Ratten. Entdeckt wurden wir nur, weil Joãos linkes Bein sichtbar aus dem Geäst baumelte. Eine nächtliche Polizeistreife zitierte uns auf festen Boden zurück und las uns auf Portugiesisch die Leviten.

Normalerweise hätte ich augenblicklich Panik bekommen. Fremdes Land, grimmig aussehende Männer in Uniform. Ich vermute ja schon bei einer harmlosen Verkehrskontrolle: »Hilfe, jetzt buchten sie mich ein.« Aber da ich kein Wort der aufgebrachten Polizisten verstand und obendrein der Wein in meinem Blut zirkulierte, gab ich mich herrlich unbefangen vor den Beamten und sah sie mit großen Augen an. Den Herren reichte es irgendwann, die Touristin schien ja doch nicht zu begreifen, worum es ihnen ging. Resigniert ließen sie João, der sich ebenfalls dumm gestellt hatte, und mich ziehen. »Ich hatte selten so viel Spaß wie mit dir«, meinte dieser, küsste mich berauscht und versprach, sich die nächsten Tage noch mächtig ins Zeug zu legen (nicht nur kusstechnisch, vor allem in puncto Sightseeing). Er hielt Wort. Und als mein letzter Tag in Lissabon gekommen war, nahm er sich sogar frei, um mit mir die Zeit bis zum Abflug zu verbringen. Wir aßen Pizza, João zeigte mir das Oceánario, das zweitgrößte Indoor-Meeresaquarium der Welt, und wir sonnten uns auf dem ehemaligen Expo-Gelände im Parque das Nações. Schließlich schleppte er am Flughafen mein Gepäck eigenhändig zum Check-in-Schalter.

»Bist du traurig, dass dein Weltreise-Jahr heute zu Ende ist?«, fragte er zum Abschied.

»Es ist okay«, sagte ich mit schiefem Lächeln. Und merkte, dass es das wirklich war. Dies würde vorerst mein letzter Flug sein, aber Lissabon war so vollgepackt mit Abenteuern und schönen Momenten, dass ich guten Gewissens heimreisen konnte.

In diesem Moment fiel mir ein Satz ein, den ich einmal in einem schlauen Buch gelesen hatte: »Nur wer nicht in vollen Zügen gelebt hat, empfindet Wehmut, wenn etwas zu Ende geht. Wer alles ausgekostet hat, freut sich unbändig auf das, was kommt.«

»Du wirkst erstaunlich ruhig«, analysierte die beängstigend kluge Schwester, als sie mich in Wien in Empfang nahm. Ich wollte keinen Willkommenswirbel mit Familie und Freunden, ich hatte mir ausbedungen, dass nur sie mich abholen würde.

»Ich fühle mich wie auf Autopilot«, murmelte ich. »Ich glaube, ich realisiere noch nicht ganz, dass ich wieder da bin.«

Als wir zu meiner Wohnung fuhren und Wiens nächtliche Prunkfassaden an mir vorbeizogen, kamen mir jene Fragen in den Sinn, über denen ich vor elf Monaten auf der gleichen Strecke, zum Start der Reise, gegrübelt hatte.

War ich noch ich – oder eine völlig andere? (Definitiv Ersteres, aber innerlich entspannter. Und auch wenn sich das dämlich anhört: Ich fühlte mich, als hätte ich mein Urvertrauen zurück.)

Sah ich anders aus? (Klares Nein. Ich hatte zwar in Indien Hüftgold verloren, ein paar Sonnenflecken mehr im Gesicht und mein dunkler Haaransatz verlangte dringend nach Wasserstoffperoxid – aber sonst? Alles beim Alten.)

Was war mir wichtig? (Liebe, Geduld, Oktopussalat, Gesundheit.)

Hatte ich noch alle Zähne im Mund? (Ja) Neue Narben? (Nein. Der minimal lädierte Finger am tansanischen Dornenstrauch zählt nicht, es kam nicht einmal Blut heraus.)

Gab es eine neue Liebe? (Gute Frage. João hatte gemeint, er würde mich in Wien besuchen. Aber ich glaube solche Bekundungen erst, wenn der Mann im Landeanflug ist. Außerdem: Mein Herz hüpfte mehr für Richard. An der Liebe müsste ich also noch arbeiten ...)

»Wir sind da«, unterbrach die Schwester mein Grübeln und schloss die Tür zu meiner Wohnung auf. Sie und meine Freundin Christiane hatten meine gelagerten Besitztümer zurück in meine Bleibe geschleppt. »Damit du morgen etwas zu tun hast«, meinte sie. »Das Auspacken und Verstauen der Sachen soll dabei helfen, nicht in ein emotionales Loch zu fallen.«

Ihre Worte registrierte ich kaum, wie in Trance ging ich durch Flur-Schlafzimmer-Wohnzimmer-Küche-Bad. Alles sah aus wie vor elf Monaten. Die Wohnung roch nicht einmal fremd, obwohl die irische Zwischenmieterin und ihr Freund hier gelebt, geliebt und gekocht hatten. War das alles wirklich passiert oder hatte ich den Trip nur geträumt? Mein Reisekonto war bis auf 350 Euro leergeräumt, so viel wusste ich mit Sicherheit. Ich hatte es in Lissabon noch einmal richtig krachen lassen, mir ein paar neue Klamotten, eine Handtasche und sonstigen Unfug gekauft. Aber sonst? Sollte das alles gewesen sein? Und würde ich jetzt weitermachen können wie vorher? Ich kannte die Antwort nicht.

Die Schwester öffnete eine Flasche Champagner, der Korken knallte, und Christiane war auch plötzlich da. Mechanisch wie ein Roboter stieß ich auf meine Rückkehr an, öffnete planlos den Koffer, versuchte erfolglos, ein paar Mitbringsel im leeren Regal zu arrangieren, und nahm einen kleinen Kratzer im Tisch wahr. Den gab es vor meiner Abreise noch nicht. Irgendwann merkten auch die beängstigend kluge Schwester und Christiane, dass an diesem Abend mit mir nicht viel anzufangen war. Als sie gingen und die Tür ins Schloss fiel, lehnte ich mich erleichtert dagegen. Einatmen. Ausatmen. Ich war daheim. Dann fiel ich ohne Zähne zu putzen verwirrt ins Bett und in einen tiefen, traumlosen Schlaf.

Reden wir übers
HEIMKOMMEN

Die besten drei Anti-Krisen-Strategien

Stillstand ist beim Heimkommen tabu. Das wäre so, als würde man von einem Drogentrip auf kalten Entzug gehen. (Nicht dass ich mit beidem Erfahrung hätte, aber der Vergleich beschreibt das Gefühl wahrscheinlich am besten.) Was also tun? Ich rate dazu, sich selbst beschäftigt zu halten, am besten in der eigenen Wohnung, sofern man noch eine hat. Auspacken. Wäsche waschen. Bilder aufhängen. Möbel umstellen. Ich stand sogar einmal nachts in meiner Küche, um Rosmarin-Tomaten-Ciabatta zu backen, das Kneten des Teigs und der Duft, der aus dem Ofen kam, beruhigten mich.

Für Freunde fühlte ich mich in den ersten Tagen nicht bereit, ich wusste keine zufriedenstellende Antwort auf die Frage: »Was wirst du jetzt machen?« Also habe ich sie erst einmal ignoriert.

Das bringt mich zu Punkt zwei, der nicht ganz unwichtig ist. Man sollte sich seine Freiheit bewahren und nicht panisch den erstbesten Job annehmen oder zurück an den alten Arbeitsplatz gehen, kaum dass man gelandet ist. Erfahrungsgemäß dauert es ein paar Tage oder sogar Wochen, bis auch die Seele angekommen ist und man wirklich weiß, was man will.

Diese Attitüde muss man sich leisten können, schon klar. Aber lieber kürzer reisen, als daheim am Finanzdruck verzweifeln. Ich habe bewusst Geld fürs Homecoming, sprich: meine Arbeitslosigkeit, auf die Seite gelegt. Und es war herrlich, meine Karriere zumindest in der Theorie neu denken zu können. Aus meinen Bewerbungen als Werbetexterin wurde letztlich nichts, man attestierte mir mangelnde Erfahrung und übersteigerte Gehaltsvorstellungen, aber es war trotzdem eine wichtige Erfahrung für mich.

Die dritte Strategie lautet: Sofort eine Liste für zehn neue Abenteuer schreiben. Nur weil die Weltreise vorbei ist, ist man nicht tot. Das Hirn verlangt weiter nach neuen Eindrücken. Die Abenteuer müssen übrigens nicht mal was kosten. Wer sich einen Nachmittag lang mit den Obdachlosen seiner Stadt unterhält, taucht garantiert in eine neue Welt ein.

. . . .

Die böse »Und wie war's?«-Frage

Sie kommt. Immer. Und sie nervt. Denn was soll man darauf sagen? Wie fasst man die vielen Eindrücke eines Reisejahrs in einem Satz zusammen? Ich hatte zwar gehofft, dass mein Weltreise-Blog www.theworldisenough.net mich vor der Frage bewahren würde, aber ich hatte die Rechnung ohne meine Liebsten gemacht. »Sorry, ich hatte keine Zeit, alles zu lesen, ich habe einen Fulltime-Job und ein Kind«, meinte Freundin A. Und Freundin B: »Ich habe alles gelesen. Aber erzähl: Wie war's, also wie war es wirklich?« Kopf auf Tischplatte. Uff.

Was ich sagen will: Blog, E-Mail-Newsletter, Facebook, Instagram und öffentliche Fotoalben helfen, um nach der Rückkehr nicht ständig die komplette Reise runterrattern zu müssen, vor allem wenn man Freunde zwingt, diese Dinge wirklich anzusehen. Aber letztlich kommt man ums Reden, bis man heiser wird, nicht herum. Am Ende reduziert sich alles auf drei Tratsch-Fragen: »Hast du dich verliebt?« (Ja, hab ich.) »Hast du nie Angst um dein Leben gehabt?« (Nie, ich hatte keinen Unfall, mir wurde nichts gestohlen, ich wurde nicht belästigt, nur den Nachtzug nach Varanasi mit zwei fremden Männern im Abteil würde ich so nicht mehr machen.) »Was waren die Destinationen, die dich am meisten beeindruckt haben?« (Kapstadt, Marrakesch, Lissabon). Für Heimkehrende empfiehlt es sich, drei Bestseller-Geschichten parat zu haben, mehr braucht es meiner Erfahrung nach nicht. Sinnvoll ist es, Gruppentermine auszumachen, das spart Nerven. Und an die Daheimgebliebenen sei appelliert: Bitte nicht obige Frage stellen, nicht einmal daran denken. Danke!

. . . .

Weltreise geht überall,
auch daheim

Ganz ehrlich: Man kennt viel zu wenig von seiner Stadt oder seinem Wohngebiet. Zumindest erlebe ich das hier in Wien. Die japanischen Touristen waren schon immer besser über Sisi, Franzl und das Geheimnis der Zubereitung von Tafelspitz informiert als ich. Als sich nach meiner Weltreise die große »Mir wird das hier alles zu eng«-Depression anbahnte, verordnete ich mir einen unverbrauchten Blick auf die Stadt, ich bin sogar mit dem Touristen-Doppeldecker-Bus eine Runde gefahren. Danach ging es wieder.

Was auch bei der Wiedereingliederung hilft: Anstatt U-Bahn oder Auto fahre ich viel mit dem Rad, man glaubt gar nicht, was man auf den neuen Routen alles entdeckt (Biogemü-se-Geschäfte und über Nacht auftauchende Graffiti). Einmal pro Woche versuche ich, in eine mir noch unbekannte Kunst-galerie, einen Park oder in ein Museum zu gehen. Und vermis-se ich es, Englisch zu sprechen, spaziere ich in die Innenstadt, dort wimmelt es nur so von hilflosen Touristen, die nach dem Weg fragen. Neulich war ein älterer Herr, ein Amerikaner, sehr dankbar dafür, dass ich ihm den Ticketautomaten der U-Bahn erklärte. Wir kamen ins Plaudern. Er stammte aus San Francis-co. Ich erzählte ihm lachend von meinem Kampf mit der Stadt. Wir kannten dieselben Taquerias und Bars. Ich fühlte mich plötzlich seltsam daheim. Nicht daheim in Wien. Daheim in der Welt.

••••••••••••••••••

BIN DAS
NOCH ICH?

Wie geht es dir damit, wieder zurück in deinem alten Leben zu sein?« Diese Frage höre ich ständig, zumal ich mittlerweile auch wieder für meinen früheren Verlag als Journalistin arbeite. Nicht bei demselben Magazin wie vor der Weltreise, das wurde ja eingestellt. Aber trotzdem: Ich sitze wieder im altbekannten Medienhaus, schaue auf dieselbe Straße, in der Betriebskantine gibt es den immer gleichen Menüplan. Täglich grüßt das Murmeltier.

»Danke, gut geht es«, sage ich dann ausweichend. Und führe die Sache nicht weiter aus. Weil es schwer ist, in einem Satz zu sagen, was in mir vorgeht. Und *gut* trifft es erst einmal auch, vor allem ist es das, was die Leute hören wollen.

Ebenfalls gern gefragt wird: »Inwiefern hat dich die Reise verändert?«

Meine Antwort darauf lautet: »Ich bin täglich dabei, das herauszufinden.«

Das ist keine Koketterie, ich kann's tatsächlich nicht hundertprozentig festmachen. Man merkt es an vielen kleinen Dingen. Ich shoppe weniger. Früher konnte ich an keinem Sale-Schild vorbeigehen, heute lässt mich der Ausverkauf erstaunlich kalt, der Inhalt meiner Schränke reicht fürs Erste. Was auch neu ist: Ich höre Freundinnen nicht mehr geduldig zu, wenn sie über die ständig gleichen Probleme jammern. »Es ist nur ein Job. Kündige doch, wenn es dir nicht passt«, raune ich ungehalten. Oder: »Verlass den Mann, wenn alles so mühsam mit ihm ist. Wo eine Tür zugeht, tut sich eine neue auf.«

Früher hätte ich mit Leidenschaft jedes dieser Probleme diskutiert, mittlerweile denke ich: Ist es wirklich so schwer zu verstehen, dass jeder seines eigenen Glückes beziehungsweise Unglückes Schmied ist? (Okay, das muss keine Reiseweisheit sein, diese Erkenntnis kann auch mit dem Alter kommen.) Am meisten fällt mir aber die Gelassenheit auf, die ich mit nach Hause gebracht habe. Zwar könnte ich noch vor Wut schreien, wenn der Geschirrspüler spinnt und ich keinen Schimmer habe, welcher Knopf das Technik-Chaos wieder in Ordnung bringt. Aber im Großen und Ganzen haut mich wenig um. Einatmen. Ausatmen. Ein Problem nach dem anderen lösen. Und darauf vertrauen, dass alles gut wird. Ach ja, regelmäßig meditieren hilft tatsächlich. Ich versuche, mindestens dreimal die Woche meinen inneren Affen zu domptieren, so wie ich es in Thailand bei den Mönchen gelernt habe. Die Meditation ist wahrscheinlich mein bestes Weltreise-Souvenir. Und das will ich nicht so schnell aufgeben.

Trotzdem: Komplett angekommen bin ich bislang nicht. Irgendwie hänge ich zwischen den Welten fest, auch wenn nach außen hin alles wieder seinen gewohnten Gang zu gehen scheint. Als ich nach der Rückkehr meine Kisten auspackte, war das Gefühl am stärksten. Mit jedem Rock, jedem Schuh, jedem Buch und jedem Bilderrahmen, den ich aus den Boxen zog, hielt ich mein altes Leben in der Hand und wusste nichts damit anzufangen. Ich wollte keinen Besitz, er lastete plötzlich tonnenschwer auf meinen Schultern. Warum zum Teufel konnte ich nicht weiter aus dem Koffer leben? Alles war einfacher gewesen, selbst Dates. Ich hatte auf dieser Reise begriffen: Es ging nicht darum, welche Klamotten ich trug oder ob der Lidstrich perfekt saß. Wenn es bei einem Typen Klick machte, hatte das erstaunlich wenig mit meiner Aufmachung zu tun, es lag vor allem daran, dass ich happy und selbstbewusst war.

Zurück in Wien saß ich also inmitten all jener Dinge, auf die ich mich gefreut hatte, und ich fragte mich: Bin das noch ich? Ich probierte jedes Teil, das ich besaß, vor dem Spiegel an. Manches war zu weit geworden, anderes empfand ich als zu tussig. Verspürte ich nur die kleinste »Passt nicht«-Regung – weg damit. Sogar der Waschbärpelz, den ich vor Jahren auf einem Flohmarkt in Manhattan ergattert hatte, kam auf die Abschussliste. Neun große Müllsäcke schleppte ich zur Altkleidersammlung, Deko-Schnickschnack entsorgte ich ähnlich radikal. Wer braucht schon zwanzig Teelicht-Gläser? Und der Sinn von kleinen verzierten Döschen erschloss sich mir auch nicht mehr.

Unruhig werde ich vor allem, wenn ich das Gefühl verspüre, stillzustehen. Wenn ich Tage erlebe, die in ihrer Monotonie nicht unterscheidbar sind. Diesen Rhythmus, nämlich alle drei, vier Wochen einen neuen Kosmos zu entdecken, kriegt man nicht so schnell aus seinem System heraus. Ich sage immer: Durch die Welt zu reisen ist eigentlich die perfekte Lebensform für Faule. Die neue Umgebung sorgt automatisch für

Bespaßung und Überraschungen, es braucht wenig Selbstmotivation, die unbekannte Destination reißt einen mit. Daheim funktioniert das nicht. Das nervt, aber langsam beginne ich zu verstehen, wie man Regisseurin seiner eigenen Alltagsabenteuer wird. Ich treffe mich mit Freunden am liebsten in Cafés, die ich noch nicht kenne. Und am Naschmarkt, Wiens größtem Obst-, Gemüse- und Spezialitätenmarkt, zwinge ich mich, einmal pro Woche etwas zu kaufen, das meinem Gaumen fremd ist (die Algen aus dem Asia-Markt, die Schleim absondern, brauche ich trotzdem nicht noch mal).

Bleibt die Frage: Was ist mit der Liebe? Hat mein Date mit der Welt auch den Mann fürs Leben gebracht? Die Antwort lautet: Nein. Aber als ewige Romantikerin will ich nicht daran glauben, dass das bereits der endgültige Ausgang der Geschichte ist. Seit ich wieder zu Hause bin, habe ich nicht gedatet. João ist nicht zu Besuch gekommen, aus den Augen, aus dem Sinn. War irgendwie klar. Natürlich schaue ich mich um, bloß kein Mann erscheint mir wirklich spannend genug. Die meisten sind zu verwurzelt. Zu wenig abenteuerlustig. Zu karrieregetrieben. Zu sehr im Auto-Wohnung-Urlaub-Beförderung-Hamsterrad. Aber das größte Problem ist wahrscheinlich, sie sind nicht Richard. Und wo man vom Teufel spricht: Den tollen Kanadier habe ich bisher zweimal getroffen. Vier Monate nach meiner Rückkehr bin ich zu ihm nach London geflogen, er hatte dort beruflich zu tun. Eigentlich wollte er mich in Wien besuchen, sein Ticket war bereits gebucht, aber ein Schneesturm ließ ihn seinen Anschlussflug verpassen. Ich verfluchte die Wettergötter, murmelte kampfbereit: »So schnell gebe ich nicht auf« und machte mich ins Empire der Queen auf. In den ersten zehn Minuten waren wir uns fremd. Nervös saßen wir uns in einem Hotel-Apartment gegenüber und redeten wirres

Zeug. Ich beäugte ihn unsicher und dachte: Hat der immer schon so britisch geredet oder kommt mir das nur so vor? Und: Schmal sieht er aus. Aber die Nase! Ach, diese perfekte Nase! Nach den ersten Scherzen war alles wie vorher. Um zwei Uhr früh legte er den Arm um mich, und der Rest des Wochenendes war lustig und wunderbar vertraut.

Das nächste Wiedersehen war knapp einen Monat später in Siem Reap, in Kambodscha. Warum einfach, wenn es kompliziert geht? Zwei Wochen spielten wir Pärchen, sahen uns Angkor Wat an, machten auf Alltag und gingen jeden Morgen gemeinsam ins Fitnessstudio. Es fühlte sich richtig an, neben ihm einzuschlafen, auch wenn Richard wie ein Toter aufgebahrt im Bett liegt, weil diese Position ihn zur Ruhe kommen lässt. Und ich fand es herrlich, dass wir selbst dann noch lachten, als wir beide durch eine Lebensmittelvergiftung stöhnend über der Toilette hingen und Richard trocken feststellte: »We are total losers.«

Und dann? Ja, dann wurde es kompliziert. Oder, um bei der Wahrheit zu bleiben, die ich nicht hören will: Er war wohl doch nicht so verschossen in mich wie ich in ihn. Als er mir in Aussicht stellte, gleich für ein paar Wochen nach Wien zu kommen, es aber letztlich nicht schaffte, den verdammten Flug zu fixieren, war die Sache klar. Ich fühlte mich gekränkt, zurückgewiesen und verletzt: »Wo ein Wille ist, da ist ein Weg«, argumentierte ich. Danach stieg er in viele Flieger, beruflich und privat, nur zu mir kam er nicht. Also habe ich die Kommunikation beendet, man muss sich nicht wochenlang selbst quälen.

Dennoch mag ich diesen Mann, sehr sogar. Vielleicht wurde er so wichtig für mich, weil er nach der Rückkehr meine letzte Verbindung zur Weltreise war, etwas, das ich ins »echte« Leben hinüberretten wollte. Aber auch wenn es nicht hatte sein sollen, er wird immer einen besonderen Platz in meinem Herzen haben. Ich wünsche ihm das Beste. Und das meine ich ehrlich.

Die wichtigste Lektion dieser Reise: Es kommt immer anders, als man denkt. Genau das ist das Wunderbare. Okay, vielleicht habe ich nicht die große Liebe gefunden. Und an manchen Tagen frage ich mich, ob es nicht besser wäre, auf Hawaii ein Restaurant aufzumachen, als in Wien zu versauern. Aber alles zu seiner Zeit. Oder um es mit dem US-amerikanischen Autor Joseph Campbell zu sagen: Manchmal muss man seine Lebenspläne über Bord werfen, um das Leben zu haben, das auf einen wartet. Und wenn es noch ein, zwei World Trips bringt, soll mir das sehr recht sein. Ich bin noch lange nicht fertig mit der Welt.

DANKSAGUNG

Asante. Baie dankie. Thank you. Gracias. Obrigada. Arigatou.
Khop khun kah. Khàwp jai. Jay zu tin bar deh. Dhanyavaad.
Kiitos.

Danke.

An die vielen wundervollen, durchgeknallten Menschen da
draußen, die mir mit offenen Armen und reinem Herzen ein
Stück ihres Universums gezeigt haben.

You all mean the world to me. (Auch wenn kaum einer von
euch Helden meinen Namen richtig aussprechen konnte.)

See you soon, somewhere, somehow ...
Waltraud / Wooltrot / Wuitrud/ Wältrout / Whatthefuck.
Just call me W :-)

Dieses Buch gäbe es nicht ohne meine Mutter und
meine beängstigend kluge Schwester. Zwei starke, stolze
Frauen, die unterschiedlicher nicht sein könnten, aber
eines gemeinsam haben: Sie fragen nie, warum ich etwas
machen will – egal, wie unausgereift und absurd meine
Pläne auch sein mögen –, sie sagen immer nur:
»Klingt gut. Wann legst du los?«

Three, two, one
GO!

Auf einen Blick:
Der Drei-Monats-Plan für
»Ich bin dann mal weg«-Kandidaten

3 MONATE VORHER

- ☐ Job kündigen oder Chef auf Sabbatical/Freistellung festnageln.
- ☐ Mietvertrag kündigen oder Nachmieter-Suche starten.
- ☐ Globus drehen und Wunschroute festlegen (macht Spaß).
- ☐ Realitätscheck im Reisebüro machen (nervt).
- ☐ Wunschroute adaptieren (nervt auch).
- ☐ Zurück ins Reisebüro (aufregend).
- ☐ Tropenmediziner einweihen und Impfplan erstellen.
- ☐ Sich ab sofort möglichst nicht mehr verlieben!

2 MONATE VORHER

- ☐ Bankbetreuer zum Verbündeten machen (immer gut, falls unterwegs die Kreditkarten verloren gehen oder man auf Zuruf den Verfügungsrahmen in Bargeld-Ländern erhöhen muss).
- ☐ Check-ups vereinbaren beim Zahnarzt, Hausarzt und Gynäkologen.

- ☐ Handy-Signatur oder E-Zugänge für Finanzamt, Krankenversicherung und Arbeitsamt beantragen.
- ☐ Personalausweis beantragen (ein zweites Ausweisdokument erleichtert das Reiseleben).

1 MONAT VORHER

- ☐ Reiseroute festzurren.
- ☐ Flugtickets buchen.
- ☐ Visa für die ersten Stopps beantragen (viele Länder bieten E-Visa an).
- ☐ Unterkunft/Unterkünfte für den ersten Reisemonat festlegen.
- ☐ Lagerräumlichkeiten für sein Hab & Gut finden.
- ☐ Kreditkarteninstitut über die genaue Route und die Dauer der Reise informieren – nicht dass das Plastikgeld irrtümlich gesperrt wird. Kommen nämlich plötzlich Abbuchungen aus Ecken der Welt, die so gar nicht zum normalen Kaufverhalten passen, sind Kreditkartenbetreiber alarmiert!
- ☐ Shopping! (Adapter, Stirnlampe, leichte Sneakers, Vakuumbags für Klamotten, durchsichtige Kosmetikbeutel – die beiden Letzteren sind Erfindungen des Himmels!)
- ☐ Reiseblog anlegen, um die Daheimgebliebenen auf dem Laufenden zu halten oder um ein digitales Tagebuch zu haben. Mein Blog hieß www.theworldisenough.net und war eine einfache WordPress-Maske.

2 WOCHEN VORHER

☐ Extra-Passfotos (braucht man immer, etwa für
Visa on Arrival oder den Japan Rail Pass).

☐ Den Eltern einen Skype-Account einrichten.

☐ Den Eltern erklären, wie Skype und
WhatsApp funktionieren.

☐ Reiseversicherungen abschließen (klappt online).

☐ Medikamente und Verbandsmaterial kaufen
(in Absprache mit dem Tropenmediziner).

☐ Scans aller wichtigen Dokumente in die iCloud
schießen und zur Sicherheit noch an die eigene
E-Mail-Adresse senden.

☐ Reisepass und Personalausweis kopieren.

☐ Papiere ordnen, Informationen für die Heimatbasis
komplettieren.

☐ Papiere der »Heimat-Sekretärin« geben
(= die beängstigend kluge Schwester).

1 WOCHE VORHER

☐ Nachsendeantrag bei der Post stellen, damit Briefe
an eine Vertrauensperson geschickt werden, die
einen bei wichtigen Sachen sofort informiert.

☐ Wohnungsinhalt für die Einlagerung verpacken.
Wichtig: Kisten sorgfältig beschriften, sonst droht
Heimkehr-Chaos! Was nach der Rückkehr sofort benötigt werden könnte – Klamotten, Schlüssel, Wertsachen, wichtige Dokumente –, kommt nicht ins

Depot, sondern zu Freunden. Koffer/Rucksack und teure Ausrüstungsgegenstände fotografieren (für die Versicherung).

☐ US-Dollar als Bargeldreserve besorgen. Diese Währung wird in vielen Ländern und von vielen Immigrationsbehörden akzeptiert, vorausgesetzt, die Scheine sind klein und neuwertig, sprich: nicht eingerissen. Ich hatte 500 Dollar in Zwanziger-, Zehner und Einernoten dabei.

☐ Ummeldung beim Einwohnermeldeamt (falls nötig, ich hab's nicht gemacht).

☐ Testament schreiben.

☐ Alle Lieblingsgerichte noch einmal kochen (Gulasch! Schnitzel! Schinken-Käse-Toast!)

1 TAG VORHER

☐ Playlist für den ersten Stopp erstellen.

☐ Abschiedstreffen mit lieben Freunden! Schampus!

☐ Selbstbräuner auftragen (man will ja nicht das bleichste Gesicht unter der Sonne sein).

☐ Fresspaket für die Reise kaufen (Schokolade, Nüsse, Müsliriegel).

☐ Sich vor dem Einschlafen einbläuen: »Alles wird gut.« Denn das wird es.